Impressum
Verlag: BABADADA GmbH, Nedderfeld 112 , 22529 Hamburg
Geschäftsführer / Verlagsleitung: Harald Hof
Druck: Books on Demand GmbH, In de Tarpen 42, 22848 Norderstedt

Imprint
Publisher: BABADADA GmbH, Nedderfeld 112 , 22529 Hamburg, Germany
Managing Director / Publishing direction: Harald Hof
Print: Books on Demand GmbH, In de Tarpen 42, 22848 Norderstedt, Germany

ចំកែ
деление

186/2

ក្តារខ្មៅ
черна дъска

បន្ទប់រៀន
класна стая

គ្រូបង្រៀន
учител

ទីធ្លាសាលារៀន
училищен двор

ក្រដាស
хартия

សរសេរ
пиша

ប៊ិក
химикал

តុការិយាល័យ
бюро

បន្ទាត់
линеал

សៀវភៅ
книга

កូនសិស្ស
ученик

សម្ភារៀនសិក្សុបកៃ

ученическа раница

ប្រអប់ដាក់ខ្មៅដៃ

ученически несесер

ខ្មៅដៃ

молив

ប្រដាប់ខ្វះខ្មៅដៃ

острилка за моливи

ជ័រលុប

гума

ផ្ទាំងគំនូរ

блок за рисуване

គំនូរ

рисунка

ជក់គូរ

четка

បុរអប់ថ្នាំលាប

акварелни бои

កន្ត្រៃ

ножица

ការបិទ

лепило

សៀវភៅលំហាត់

тетрадка за упражнєния

កិច្ចការផ្ទះ

домашна работа

លេខ

число

បូក

събиране

ដក

изваждане

គុណ

умножение

គណនា

смятанэ

លិខិត

буква

អក្សរក្រម

азбука

ពាក្យ

дума

អត្ថបទ

текст

អាន

чета

ដីស

тебешир

មេរៀន

час

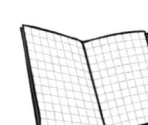

ចុះឈ្មោះ

дневник на класа

ការប្រលង

изпит

វិញ្ញាបនបត្រ

свидетелство

ឯកសណ្ឋានសាលា

ученическа униформа

ការអប់រំ

образование

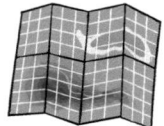

សព្វវចនាធិប្បាយ

справочник

សាកលវិទ្យាល័យ

университет

មីក្រូទស្សន៍

микроскоп

ផែនទី

карта

កន្ត្រករដាក់សំរាមក្រដាស

кошче за хартиени
отпадъци

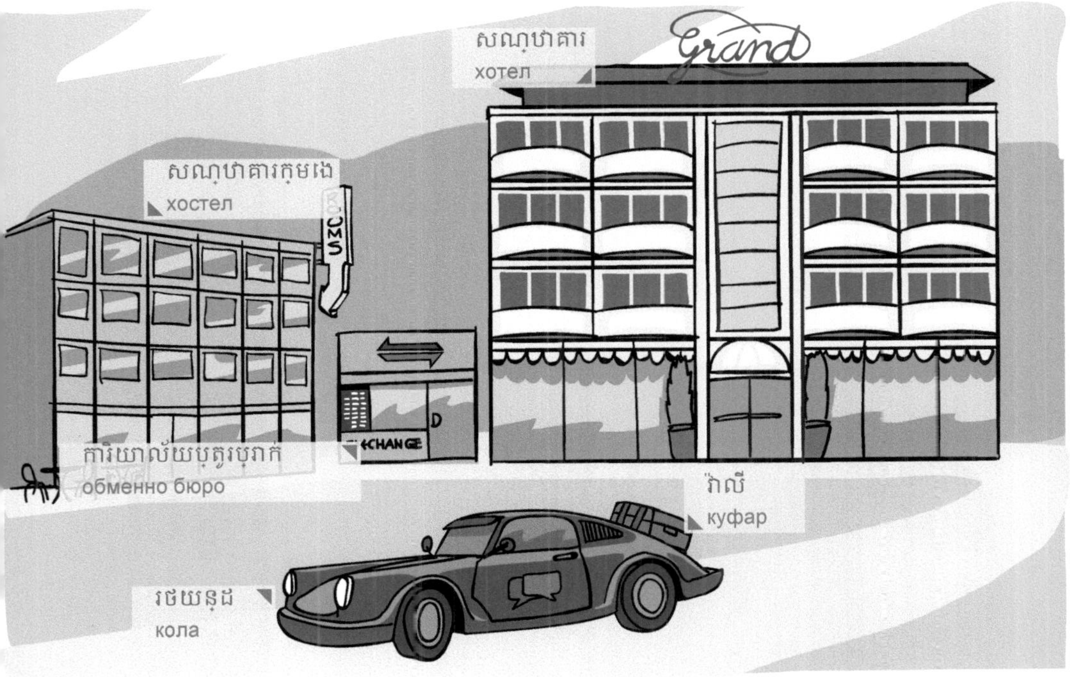

សណ្ឋាគារ
хотел
Grand
សណ្ឋាគារក្មេង
хостел
ROOMS
ការិយាល័យប្តូរប្រាក់
обменно бюро
EXCHANGE
វ៉ាលី
куфар
រថយន្ត
кола

ភាសា

език

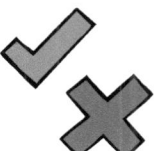

បាទ / ទេ

да / не

យល់ព្រម

Окей

សាយ័ន្តសួស្តី!

здравей

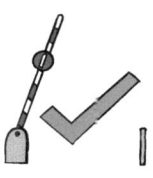

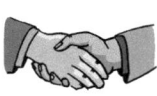

អ្នកបកប្រែ

преводач

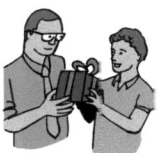

សូមអរគុណ

Благодаря

ចូលប៉ុន្មាន... ?

Колко струва…?

ខ្ញុំមិនយល់

Не разбирам

បញ្ហា

проблем

ទិវាសួស្តី!

Добър вечер!

អរុណសួស្តី

Добро утро!

រាត្រីសួស្តី!

Лека нощ!

លាហើយ

довиждане

ទិសដៅ

посока

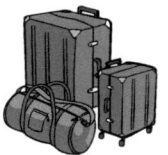

អីវ៉ាន់

багаж

កាបូប

пътна чанта

កាបូបស្ពាយក្រោយ

раница

ភ្ញៀវ

посетител

បន្ទប់

стая

ថង់ដេក

спален чувал

តង់

палатка

ព័ត៌មានទេសចរណ៍
....
туристическа информация

ឆ្នេរ
....
плаж

កាតឥណទាន
....
кредитна карта

អាហារពេលព្រឹក
....
закуска

អាហារថ្ងៃត្រង់
....
обед

អាហារពេលល្ងាច
....
вечеря

សំបុត្រ
....
билет

ជណ្តើរយន្ត
....
асансьор

ត្រា
....
пощенска марка

ព្រំដែន
....
граница

គយ
....
митница

ស្ថានទូត
....
посолство

ទិដ្ឋាការ
....
виза

លិខិតឆ្លងដែន
....
паспорт

ការដឹកជញ្ជូន

транспорт

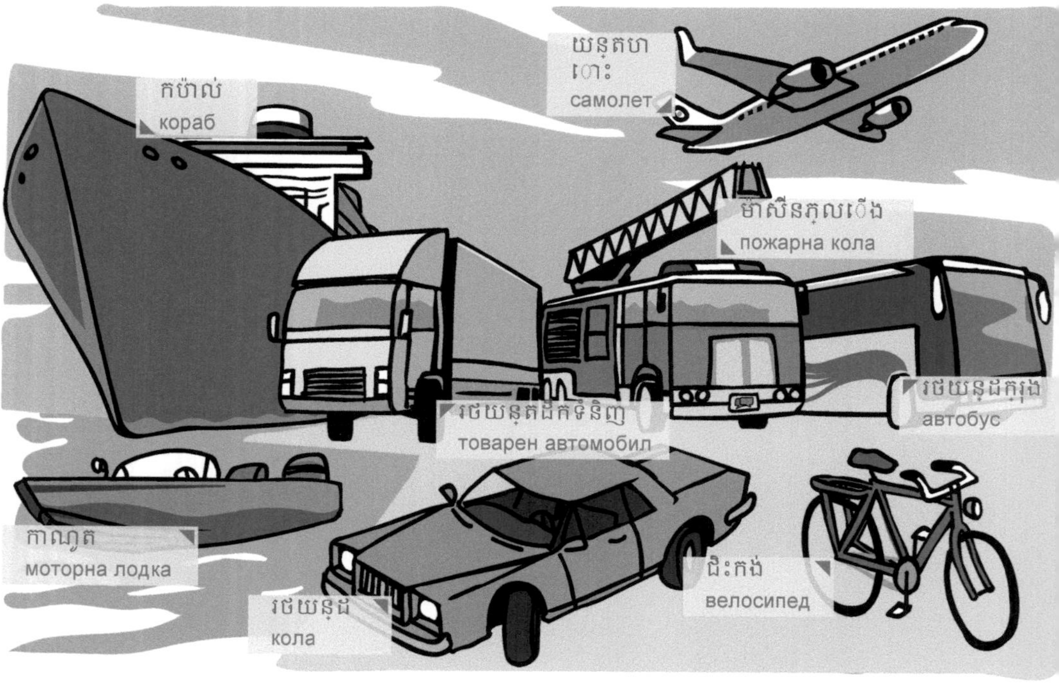

យន្តហោះ
самолет
កប៉ាល់
кораб
ម៉ាសីនភ្លើង
пожарна кола
រថយន្តក្រុង
автобус
រថយន្តដឹកទំនិញ
товарен автомобил
កាណូត
моторна лодка
ជិះកង់
велосипед
រថយន្ត
кола

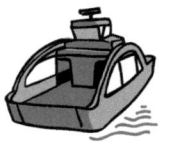

សាឡាង

ферибот

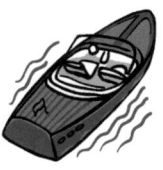

ទូក

лодка

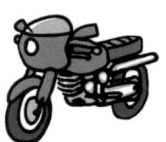

ម៉ូតូ

мотоциклет

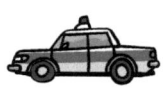

រថយន្តប៉ូលិស

полицейска кола

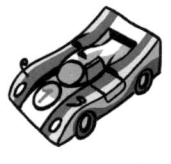

រថយន្តប្រណាំង

състезателна кола

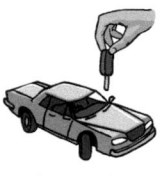

រថយន្តជួល

кола под наем

ការចែករំលែករថយន្ត

កាршеринг

ឡ្យានសុទ្ទូច

автомобил от "Пътна
помощ"

ឡ្យានបរម្មូលសំរាម

сметовоз

ម៉្មូត

двигател

ប្រេងឥន្ធនៈ

бензин

សុ្ថានីយ៍ប្ររេង

бензиностанция

សុលាកសញ្ញាាចរាចរណ៍

пътен знак

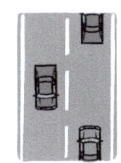

ចារចរវើៃចរាចរណ៍

улично движение

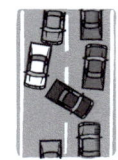

កកស្ទះចរាចរណ៍

задръстване

ចំណត

паркинг

ស្ថានីយ៍រថភ្លេីងើៃង

гара

ផ្លូវដេកែ

релси

រថភ្លើង

влак

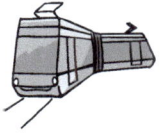

រថអគ្គីសនី

трамвай

ទូរថភ្លើង

вагон

ឧទ្ធម្ភាគចក្រ
....
хеликоптер

ពូលានយន្តហោះ
....
аерогара

ប៉ម
....
кула

អ្នកដំណើរ
....
пасажер

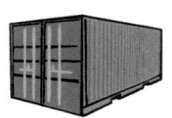

កុងតឺន័រ
....
контейнер

កុដាសកាតុង
....
кашон

រទេះ
....
ръчна количка

កញ្ចប់
....
кошница

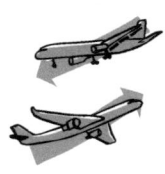

ហោះឡ្បេីង / ចុះ
....
излитам / приземявам се

ភូមិ
....
село

កណ្ដាលទីក្រុង
....
градски център

ផ្ទះ
....
къща

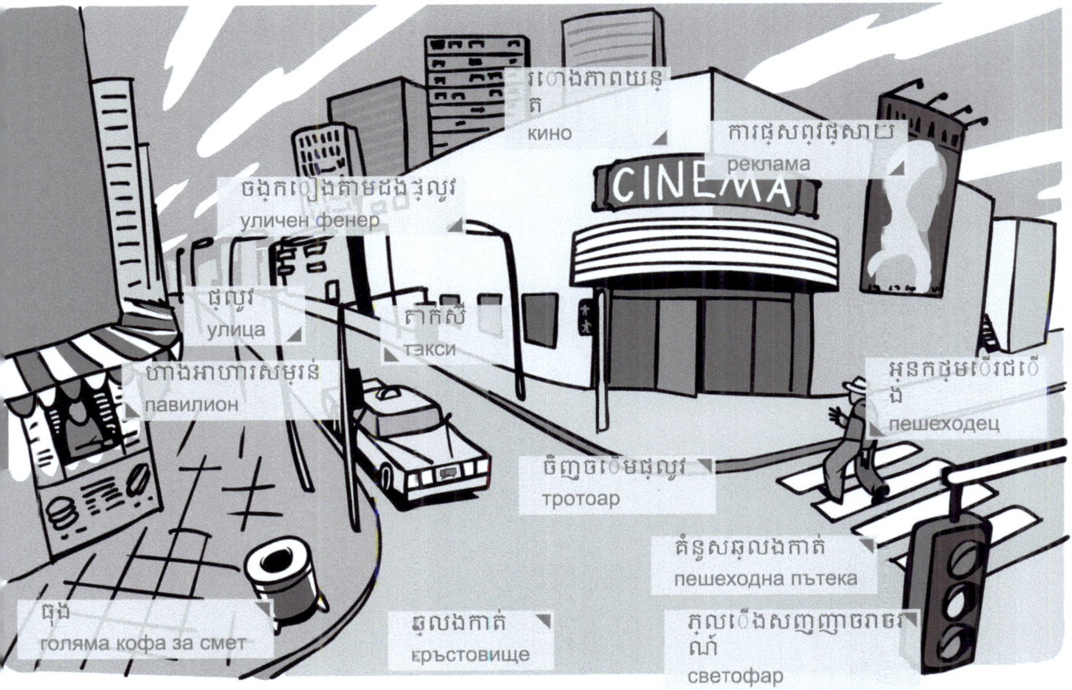

រោងភាពយន្ត
кино

ការផ្សព្វផ្សាយ
реклама

ចង្កៀងតាមដងផ្លូវ
уличен фенер

ផ្លូវ
улица

តាក់ស៊ី
тэкси

ហាងអាហារសម្រន់
павилион

អ្នកផ្លូវថ្មើរជើង
пешеходец

ចិញ្ចើមផ្លូវ
тротоар

តំណសុលងកាត់
пешеходна пътека

ធុង
голяма кофа за смет

ផ្លូងកាត់
кръстовище

កុលេងសញ្ញាចរាចរណ៍
светофар

ខ្ទម
хижа

ផ្ទះល្វែង
жилище

ស្ថានីយ៍រថភ្លើង
гара

សាលាក្រុង
кметство

សារមន្ទីរ
музей

សាលារៀន
училище

សាកលវិទ្យាល័យ

университет

ធនាគារ

банка

មន្ទីរពេទ្យ

болница

សណ្ឋាគារ

хотел

ឱសថស្ថាន

аптека

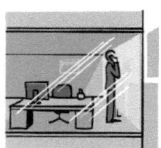

ការិយាល័យ

офис

ហាងលក់សៀវភៅ

книжарница

ហាង

магазин за цветя

ហាងផ្កា

магазин за цветя

ផ្សារទំនើប

супермаркет

ទីផ្សារ

пазар

ហាងទំនិញ

универсален магазин

ហាងលក់ត្រី

търговец на риба

មជ្ឈមណ្ឌលផ្សារទំនើប

търговски център

កំពង់ផែ

пристанище

ឧទ្យាន

парк

បង្គ

пейка

ស្ពាន

мост

ជណ្តើរ

стълба

ផ្លូវក្រោមដី

метро

ផ្លូវរូងក្រោមដី

тунел

ចំណតរថយន្តដឹកក្រុង

автобусна спирка

ហារ

бар

ភោជនីយដ្ឋាន

ресторант

ប្រអប់សំបុត្រ

пощенска кутия

សញ្ញាតាមដងផ្លូវ

улична табелка

ឧបករណ៍បូរម្ចូលថ្លៃចំណត

часовник за паркинг
престой

សួនសត្វ

зоологическа градина

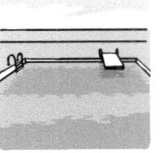

អាងហែលទឹក

плувен басейн

វិហារអ៊ីស្លាម

джамия

កសិដ្ឋាន

селски двор

ការបំពុល

замърсяване на околната среда

វាលកប់ខ្មោច

гробище

ព្រះវិហារ

църква

គ្រឿងអេលិកម្មពេលេង

детска площадка

ប្រាសាទ

храм

ទេសភាព

пейзаж

ស្លឹក
листо

សញ្ញាបូរាប់ទិសដៅ
пътепоказател

ផ្លូវ
път

វាលស្មៅ
ливада

ដុំថ្ម
камък

អ្នកដ្បែ្រងភ្នំ
пътешественик

ដើមឈើ
дърво

ទន្លេ
река

ស្មៅ
трева

ផ្កា
цвете

ជ្រលងភ្នំ

долина

កូនភ្នំ

планина

បឹង

море

ពុរលៃរេ

гора

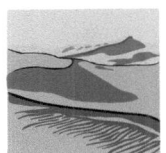

វាលខ្សាច់

пустиня

ភ្នំភ្លើង

вулкан

គុហាកុរបី

замък

ឥន្ទធនូ

дъга

ផ្សិត

гъба

ដើមត្នោត

палма

មូស

комар

រុយ

муха

ស្រមោច

мравка

សត្វឃ្មុំ

пчела

ពីងពាង

паяк

សត្វកញ្ចៃ

бръмбар

កង្កែប

жаба

កំប្រុក

катеричка

សត្វកាំប្រុមា

таралеж

ទន្សាយស្លឹក

заек

សត្វទីទុយ

кукумявка

បក្សី

птица

ហង្ស

лебед

ជ្រូក

диво прасе

សត្វក្តាន់

елен

សត្វក្ដាន់

лос

ទំនប់

бент

កង្ហារខ្យល់

вятърна турбина

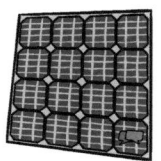

បន្ទះស្ងួឡ្ងា

соларен модул

អាកាសធាតុ

климат

ភោជនីយដ្ឋាន
ресторант

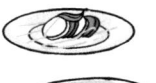

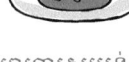

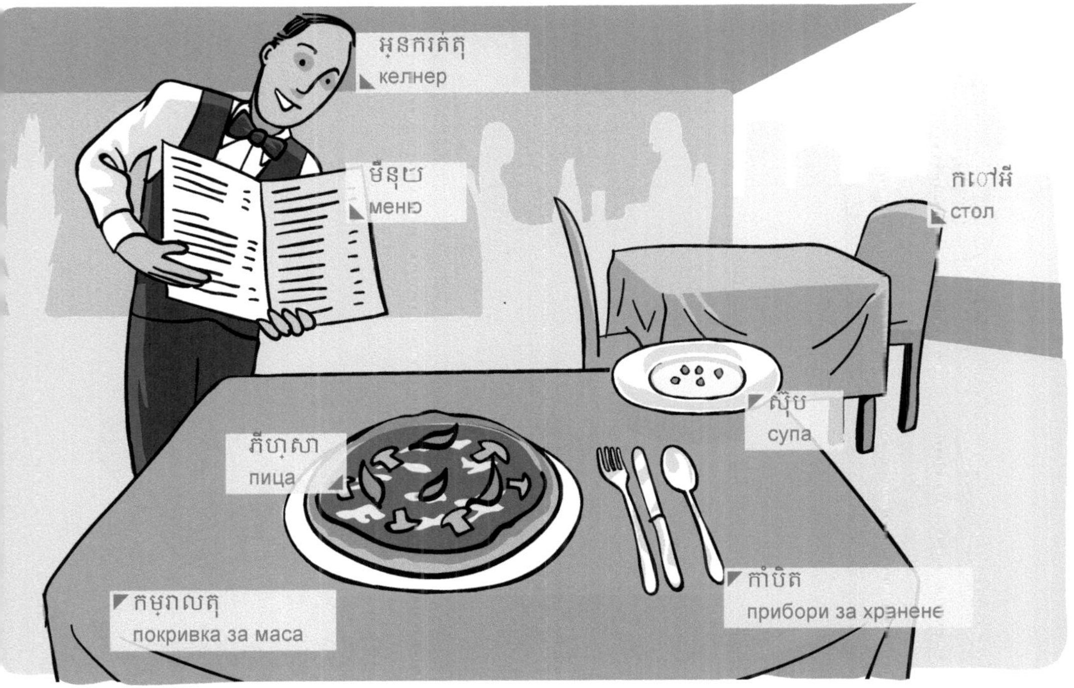

អ្នករត់តុ
келнер
ម៉ឺនុយ
меню
កៅអី
стол
ស៊ុប
супа
ភីហ្សា
пица
កាំបិត
прибори за хранене
កម្រាលតុ
покривка за маса

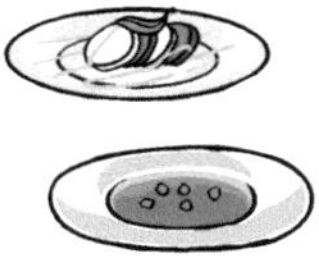

អាហារសម្រន់

предястие

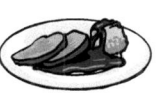

អាហារសំខាន់

основно ястие

បង្អែម

десерт

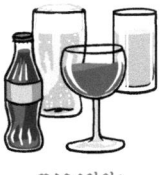

ភេសជ្ជៈ

напитки

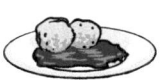

អាហារ

ядене

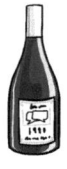

ដប

бутилка

អាហារររហ័ស

бързо хранене

អាហារតាមផ្លូវ

улична храна

ប៉ាន់តែ

кана за чай

ប្រអប់ស្ករ

кутия за захар

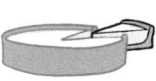

ចំណែក

порция

ម៉ាស៊ីនតុងកាហ្វេអេិចស្ពុរ
ស្ស

еспресо машина

កៅអីខ្ពស់

висок детски стол

វិក្កយបត្រ

сметка

ថាស

табла

កាំបិត

ножица за нокти

សម

вилица

ស្លាបព្រា

лъжица

ស្លាបព្រាកាហ្វេ

чаена лъжичка

កន្សែងដៃជូតខ្លួន

салфетка

កែវ

стъклена чаша

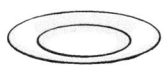

ចានទាប
чиния

ចានស៊ុប
чиния за супа

ចានទូរនាប់
чинийка

ទឹកជ្រលក់
сос

ដបអំបិល
солница

បុរដាប់កិនម្រេច
мелничка за черен пипер

ទឹកខ្មេះ
оцет

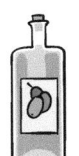

បុរេង
олио

គុរឿងទេស
подправки

ទឹកប៉េងប៉ោះ
кетчуп

ម៉ូតាក
горчица

ទឹកមយ៉ាណេ
майонеза

ផ្សារទំនើប

супермаркет

ការផ្តល់ជូនពិសេស
оферта
FOR
អតិថិជន
клиент
ទឹកដោះគោ
млечни продукти
ផ្លែឈើ
плодове
រទេះរុញ
количка за покупки

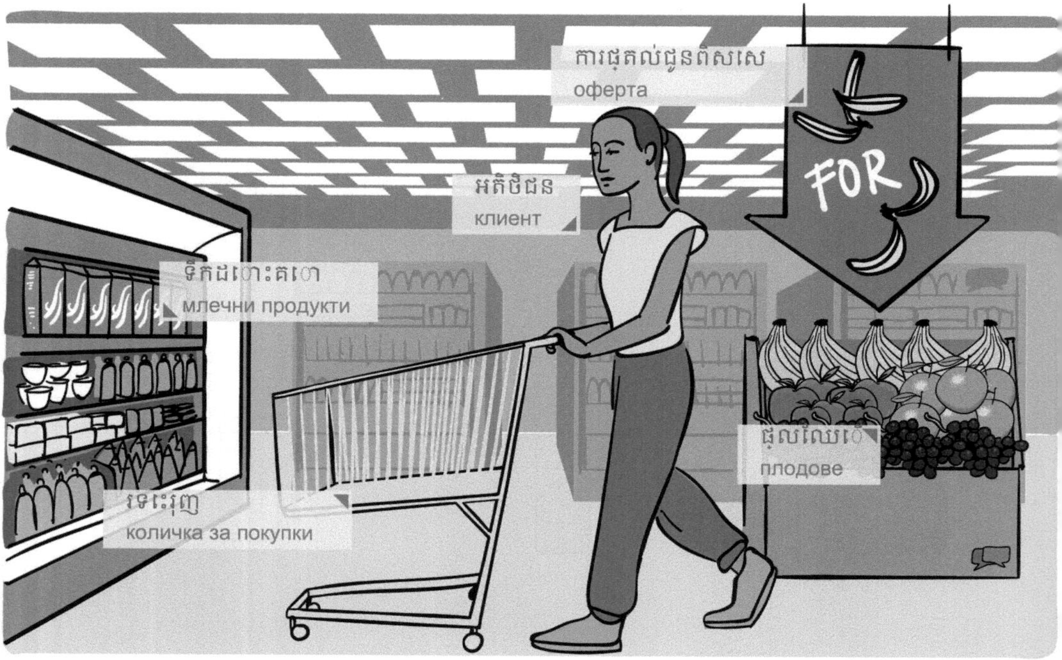

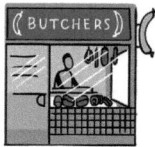

BUTCHERS

ហាងកាប់ជ្រូក

кланица

BAKERY

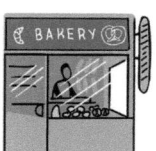

ហាងដុតនំ

хлебарница

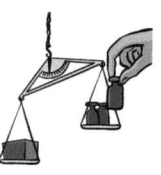

ថ្លឹង

тегля

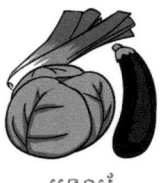

បន្លែ

зеленчуци

សាច់

месо

អាហារក្លាស្សេ

дълбоко замразена храна

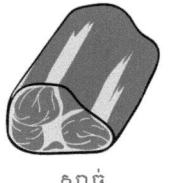

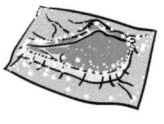

សាច់កុលាសរ

នារязан колбас или сирене

អាហារកំប៉ុង

консерви

មុសគ្រឿងលាង

перилен препарат

សុអរគុរប់

лакомства

ផលិតផលក្នុងគ្រួសារ

домакински изделия

ផលិតផលសម្អាត

почистващи препарати

អ្នកលក់

продавачка

ថតដាក់លុយ

каса

បេឡា

касиер

បញ្ជីទិញទំនិញ

списък на покупките

ម៉ោងធ្វើការ

работно време

កាបូបលុយបុរស

портфейл

កាតឥណទាន

кредитна карта

ថង់

чанта

ថង់ប្លាសុទិច

пластмасова торба

ទឹក

вода

ទឹកផ្លែឈើ

сок

ទឹកដោះគោ

мляко

កូកាកូឡា

кола

ស្រា

вино

ស្រាបៀរ

бира

គ្រឿងស្រវឹង

алкохол

កាកាវ

какао

តែ

чай

កាហ្វេ

кафе машина

កាហ្វេអិចស្ព្រេស្សូ

еспресо

កាហ្វេកាពូឈីណូ

капучино

ចេក

банан

ផ្លែប៉ោម

ябълка

ផ្លែក្រូច

портокал

ឪឡឹក

пъпеш

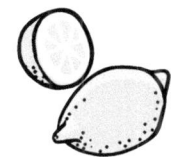

ក្រូចឆ្មា

лимон

ការ៉ុត

морков

ខ្ទឹម

чесън

ឬស្សី

бамбук

ខ្ទឹមបារាំង

лук

ផ្សិត

гъба

គ្រាប់ផ្លែឈើ

ядки

មី

макарони

មីអ៊ីតាលី

спагети

ហាយ

ориз

សាឡាត់

салата

ដំឡូងចៀន

пържени картофи

ដំឡូងចៀន

печени картофи

ភីហ្សា

пица

បឺហ្គឺ

хамбургер

សាំងវិច

сандвич

សាច់ជាប់ឆ្អឹងជំនី

шницел

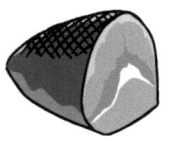

ហាំ

шунка

សាឡាមី

траен колбас

សាច់ក្រក

салам

សាច់មាន់

пиле

អាំង

печено

ត្រី

риба

អាវ៉ែនបបរ

овесени ядки

មុឺស្លី

мюсли

ដំឡូងចំណិត

корнфлейкс

មុសទៅ

брашно

នំគ្រួសង់

кроасан

នំប៉័ងមុយ៉ាងមូលតូចៗ

хлебчета

នំប៉័ង

хляб

អាំង

препечена филийка

នំប៊ីស្គ៊ី

бисквити

ប៊ឺរ

масло

ទឹកដោះខាប់

извара

នំខេក

сладкиш

ស៊ុត

яйце

ស៊ុតចៀន

яйца на очи

ឈីស

сирене

ការ៉េម

....

сладолед

ស្ករ

....

захар

ទឹកឃ្មុំ

....

мед

ជំណាប់

....

мармалад

ក្រែមតាំងម៉ៃ

....

нуга крем

ការី

....

къри

កសិដ្ឋាន
селски двор

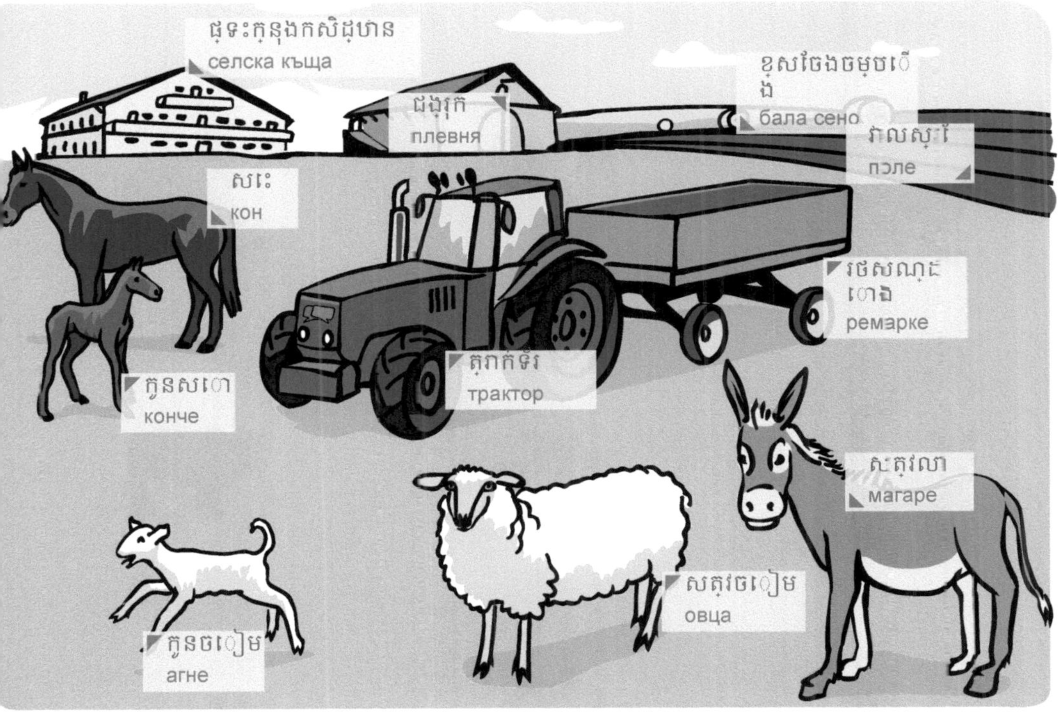
ផ្ទះក្នុងកសិដ្ឋាន
селска къща
ខ្សែចងចម្បើង
бала сено
ជង្រុក
плевня
វាលស្រែ
поле
សេះ
кон
រថសណ្ដោង
ремарке
ត្រាក់ទ័រ
трактор
កូនសេះ
конче
សត្វលា
магаре
សត្វចៀម
овца
កូនចៀម
агне

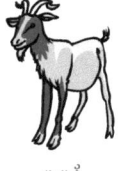

ពពែ

коза

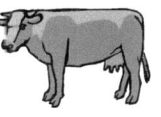

គោញី

крава

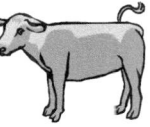

កូនគោ

теле

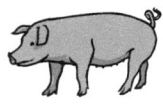

ជ្រូក

свиня

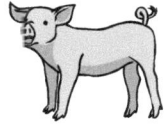

កូនជ្រូក

прасенце

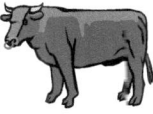

គោឈ្មោល

бик

សត្វក្ងាន

г ъ с к а

ទា

патица

កូនមាន់

пиленце

មមោន់

кокошка

មាន់ឈ្មោល

петел

កណ្តុរ

плъх

ឆ្មា

котка

កណ្តុរប្ររមៈ

мишка

គពោឈ្មោល

вол

ឆ្កែ

куче

ផ្ទះឆ្កែ

кучешка колиба

ទុយោទឹក

градински маркуч

ធុងស្រោចទឹក

лейка

ខូវែបក

коса

នង្គ័ល

плуг

កណ្ដៀវ

сърп

ចបកាប់

мотика

រនាស់

вила за тор

ពូថៅ

брадва

រទេះរុញ

ръчна количка

ស្នូក

корито

កំប៉ុងទឹកដោះគោ

съд за мляко

ហារ

чувал

របង

ограда

គុរគោល

обор

ផ្ទះកញ្ចក់

парник

ដី

земя

គ្រាប់ពូជ

сеитба

ជី

тор

ម៉ាស៊ីនបូម្រួលផល

комбайн

ប្រមូលផល

жъна

ការប្រមូលផល

реколта

ដំឡូងជ្វា

ямс

ស្រូវសាលី

жито

សណ្តែកសៀង

соя

ដំឡូងជ្វា

картоф

ពោត

царевица

គុជប៉ុរងៃបែ

рапица

ដើមឈើហូ្វបផ្លូវ

овощно дърво

ដំឡូងមី

маниока

ធញ្ញជាតិ

зърнени храни

къща

បំពង់ផ្សែង
комин

ដំបូល
покрив

ទរបង្ហូរទឹក
улук

បង្អួច
прозорец

ហ្គារ៉ាស
гараж

កណ្ដឹងទ្វារ
звънец

ធុងសំរាម
кофа за боклук

បុរអប់សំបុត្រ
пощенска кутия

ទ្វារ
врата

សួនច្បារ
градина

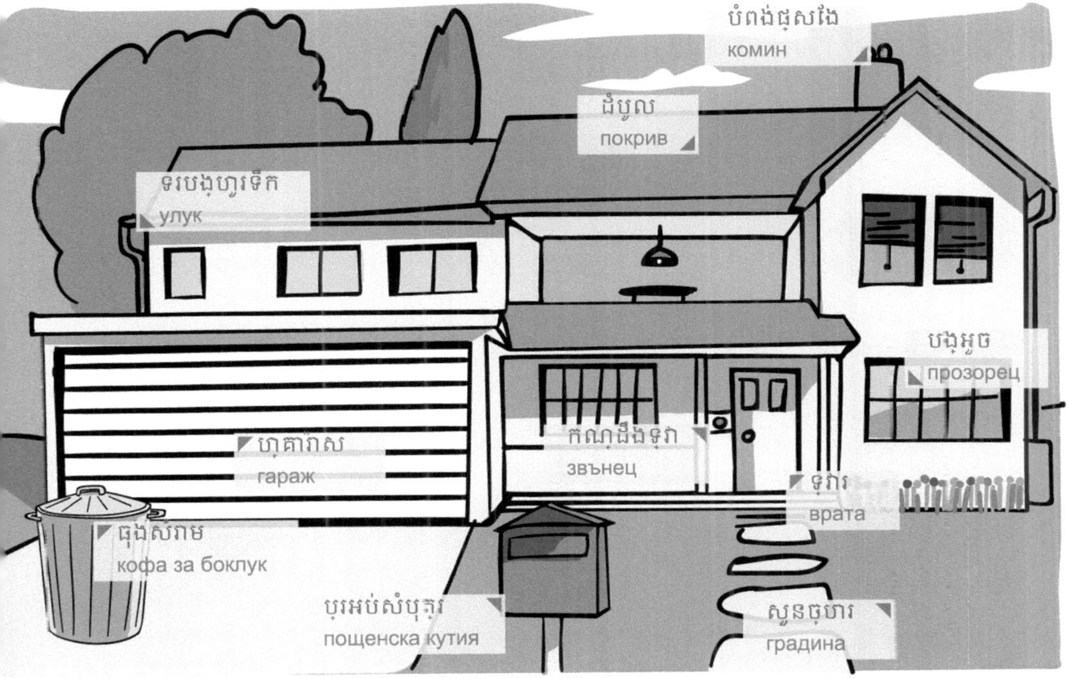

បន្ទប់ទទួលភ្ញៀវ

всекидневна

បន្ទប់ទឹក

баня

ផ្ទះបាយ

кухня

បន្ទប់គេង

спалня

បន្ទប់របស់កុមារ

детска стая

បន្ទប់ទទួលទានអាហារ

трапезария

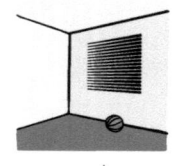

ជាន់

под

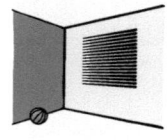

ជញ្ជាំង

стена

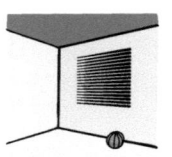

ពិដាន

таван

បន្ទប់ក្រោមដី

изба

សួណា

сауна

យ៉រ

балкон

ផ្ទៃរាបស្មើរឈៀនទៅជមុរាល
កន់

тераса

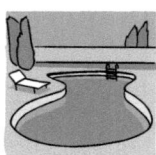

អាងហាលែទឹក

плувен басейн

ម៉ាស៊ីនកាត់ស្មៅទៅ

косачка

សន្លឹក

спално бельо

កម្រាលគ្រែដែក

покривка за легло

គ្រែ

легло

អំបោស

метла

ធុង

кофа

កុងតាក់

електрически ключ

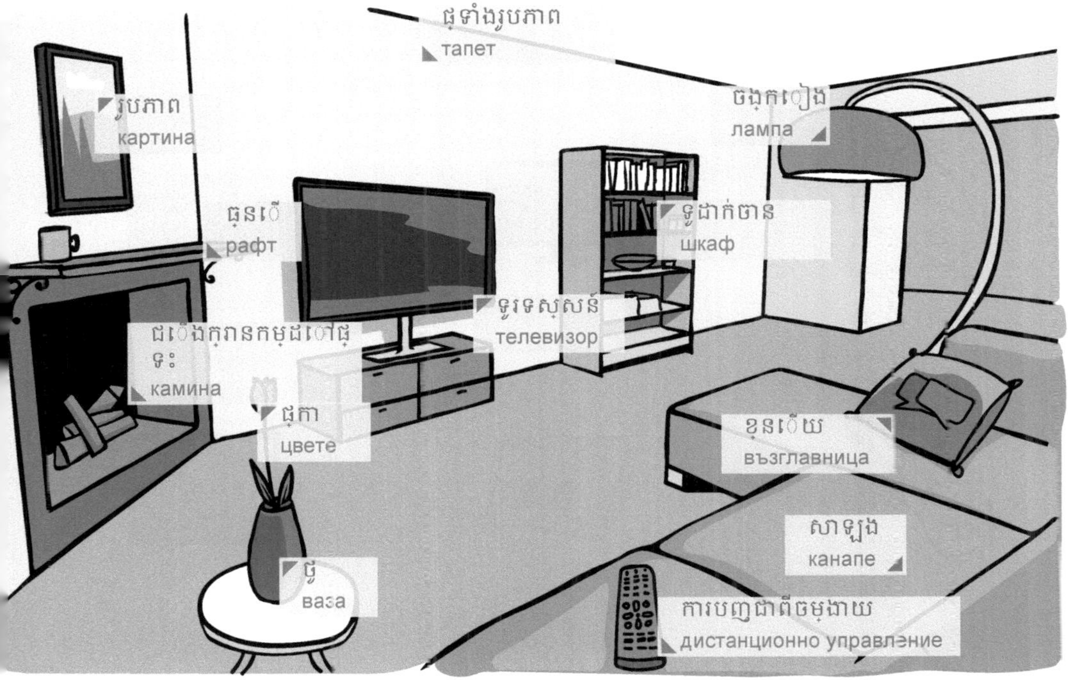

ផ្ទាំងរូបភាព
тапет

រូបភាព
картина

ចង្កៀង
лампа

ធ្នើរឰ
рафт

ទូជាក់ចាន
шкаф

ជរបើងក្រានកម្ដៅឡៃផ្ទុ
ះ
камина

ទូរទេសុសន៍
телевизор

ផ្ការ
цвете

ខ្នើយឰ
възглавница

 គ្រ
ваза

សាឡុង
канапе

ការបញ្ជាពីចម្ងាយ
дистанционно управлэние

កម្រាលពុរ

килим

រាំងនន

завеса

តុ

маса

កៅអី

стол

កៅអីប៉ាក់ប៉ើក

люлеещ се стол

កៅអីភ្នាក់ដៃ

кресло

សៀវភៅ
книга

ភួយ
одеяло

ការតុបតែង
декорация

អុសដុត
дърва за отопление

ខុសភាពយន្ត
филм

ឧបករណ៍ Hi-Fi
стерео уредба

កូនសោ
ключ

កាសែត
вестник

គំនូរ
живопис

ផ្ទាំងរូបភាព
постер

វិទ្យុ
радио

ណូតជគត
бележник

ម៉ាស៊ីនបូមធូលី
прахосмукачка

ដំបងយក្ស
кактус

ទៀន
свещ

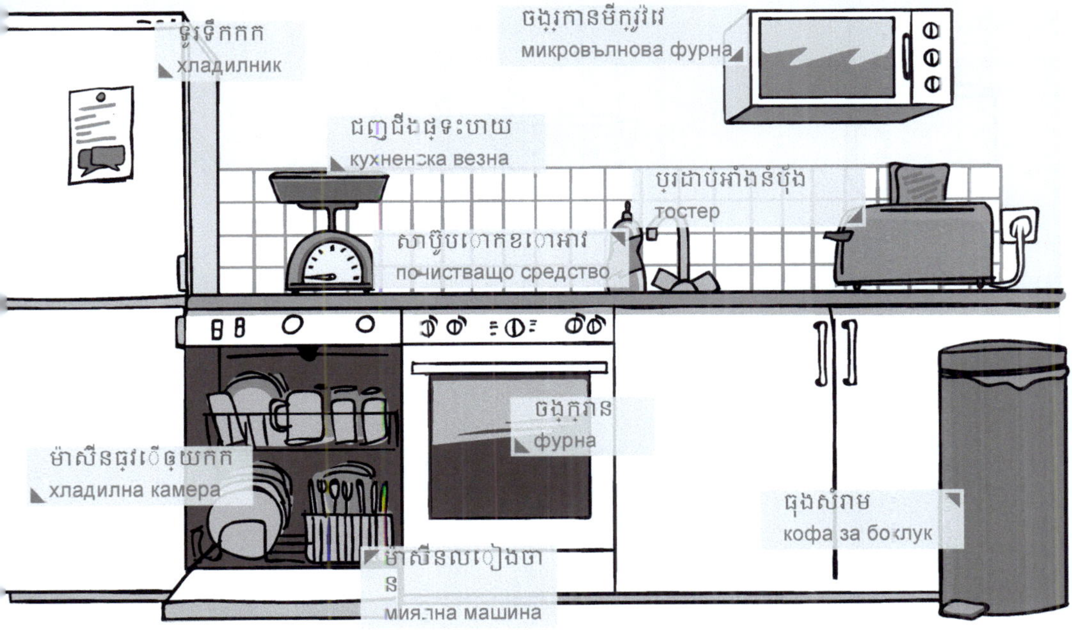

ទូទឹកកក
хладилник

ចង្ក្រានមីក្រូវ៉ែវ
микровълнова фурна

ជញ្ជីងផ្ទះបាយ
кухненска везна

បុរសាបអាំងន់ប៉ុង
тостер

សាប៊ូបោកខោអាវ
почистващо средство

ម៉ាស៊ីនធ្វើឲ្យទឹកកក
хладилна камера

ចង្ក្រាន
фурна

ធុងសំរាម
кофа за боклук

ម៉ាស៊ីនលាងចាន
мияльна машина

ចង្ក្រាន
готварска печка

ឆ្នាំង
тенджера

ឆ្នាំងដែក
желязна тенджера

ខ្ទះ / ខ្ទះពណ្ណា
уок / кадаи

ខ្ទះ
тиган

កំសៀវ
кана за затопляне на вода

ឆ្នាំងចំហុយ

ураред за готвене на пара

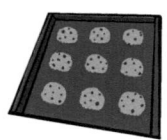

ថាសដុតនំ

тава за печене

គ្រឿងចានឆ្នាំងដី

съдове

ថូ

чаша

ចានគោម

купа

ចង្កឹះ

клечки за хранене

វែកសមុល

черпак

វែកកូរ

лопатка за тиган

ប្រដាប់វាយកូរឡូក

тел за разбиване (на яйца, белтъци)

តម្រង

кошница за варене

កន្ត្រង

гевгир

ប្រដាប់កោសដូង

ренде

ត្បាល់

хаван

ការអាំងសាច់

барбекю

ចង្ក្រានចំហា

огнище

ដូរញ្ញ

дъска

ប៉ូរដាប់កិនម្សៅ

точилка

ប៉ូរដាប់ម្សៅបើកឆ្នុកសុរា

тирбушон

កំប៉ុង

кутия

ប៉ូរដាប់បើកកំប៉ុង

отварачка за консерви

កុរណាត់ទុរប់ឆុ្នាំង

кухненска ръкохватка

កនុលដៃលាងចាន

мивка

ជក់

четка

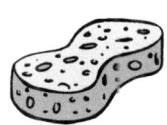

អប៉ុង

гъба

ម៉ាស៊ីនកួរឡ្បក

миксер

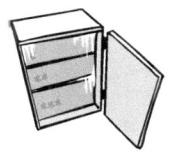

ទូរទឹកកកខុនាតត្ថូច

фризер

ដបទឹកដពោះតេទា

бебешко шише

រ៉ូប៊ីណៈ

воден кран

កម្ដៅពៅ
отопление

ផ្កាឈូក
душ

កន្សែង
хавлиена кърпа

វាំងននងូតទឹកផ្កាឈូក
завеса за баня

ការងូតទឹកពពុះ
шампоан за вана

អាងងូតទឹក
вана

កវែ
стъклена чаша

ម៉ាស៊ីនបោកគក់
перална машина

របីណៈ
воден кран

ករឡាកុបឡេឿង
плочки

ចានបងូគន់
гърне

កន្លែងលាងចាន
мивка

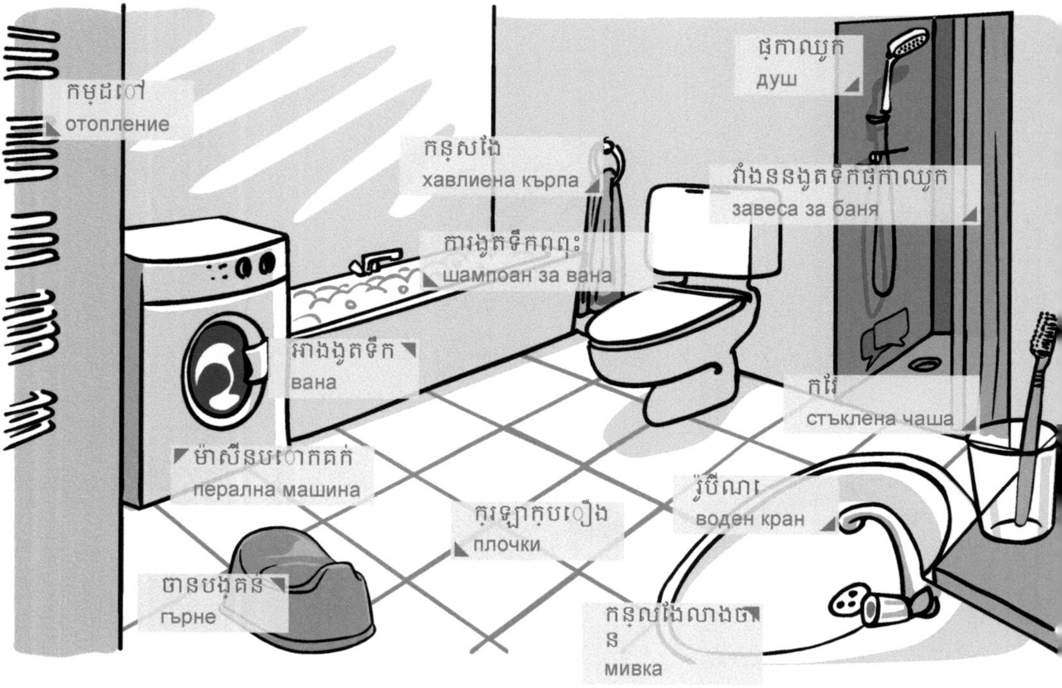

បង្គន់

тоалетна

បង្គន់អង្គុយ

клекало

ផលេងជមរៈកាយ

биде

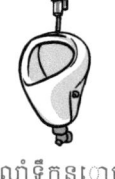

កុលាទឹកនពោម

писоар

កូរដាសបង្គន់

тоалетна хартия

ចុពសដុសបង្គន់ន

четка за тоалетна

ច្រាសដុសធ្មេញ

четка за зъби

ថ្នាំដុសធ្មេញ

паста за зъби

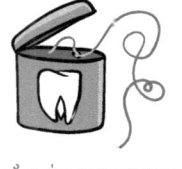

ខ្សែទោរក់សម្អាតធ្មេញ

конец за зъби

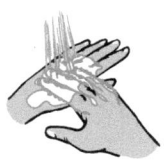

លាង

мия

បុរជាប់ដាក់ដផ្ដែកាឈ្មួក

ръчен душ

ទឹកថ្នាំសម្រាប់ហាញ់លាង

интимен душ

អាង

леген

ច្រាសដុសខ្នង

четка за гръб

សាប៊ូ

сапун

ជលៃសម្រាប់ងួតទឹកផ្ដកាឈ្មួក

душ гел

សាប៊ូ

шампоан за вана

សកុលាត

гъба за баня

បំពង់បង្ហូរទឹក

сифон

ក្រែម

крем

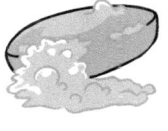

ថ្នាំបំបាត់ក្លិនអាក្រវ់

дезодорант

កញ្ចក់

огледало

កញ្ចក់ដៃ

козметично огледало

បរដាប់កោរ

ръчна самобръсначка

ហ្វូមកោរពុកមាត់

пяна за бръснене

ទឹកលាងក្រោយកោរពុកមាត់

одеколон за след
бръснене

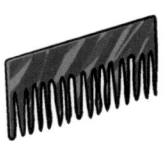

ក្រវស

гребен

ជក់

четка

បរដាប់សម្ងួតសក់

сешоар

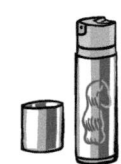

សួពួយហាញ់សក់

спрей за коса

ការតុបតែងមុខ

грим

ក្រមៃឡាបមាត់

червило

ថ្នាំលាបក្រចក

лак за нокти

រោមកប្បាស

памук

កន្ត្រៃកាត់ក្រចក

ножица за нокти

ទឹកអប់

парфюм

កាបូបបញ្ចោកគត់
....
тоалетна чантичка

លាមក
....
табуретка

ជញ្ជីងថ្លឹងទម្ងន់
....
везна

អាវពាក់ងូតទឹក
....
хавлия

ស្រោមដៃពៅស្ទ្បី
....
домакински ръкавици

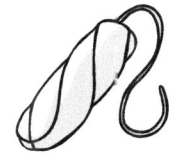

ឆ្នុក
....
тампон

កន្សែងអនាម័យ
....
дамски превръзки

បង្គន់គីមី
....
химическа тоалетна

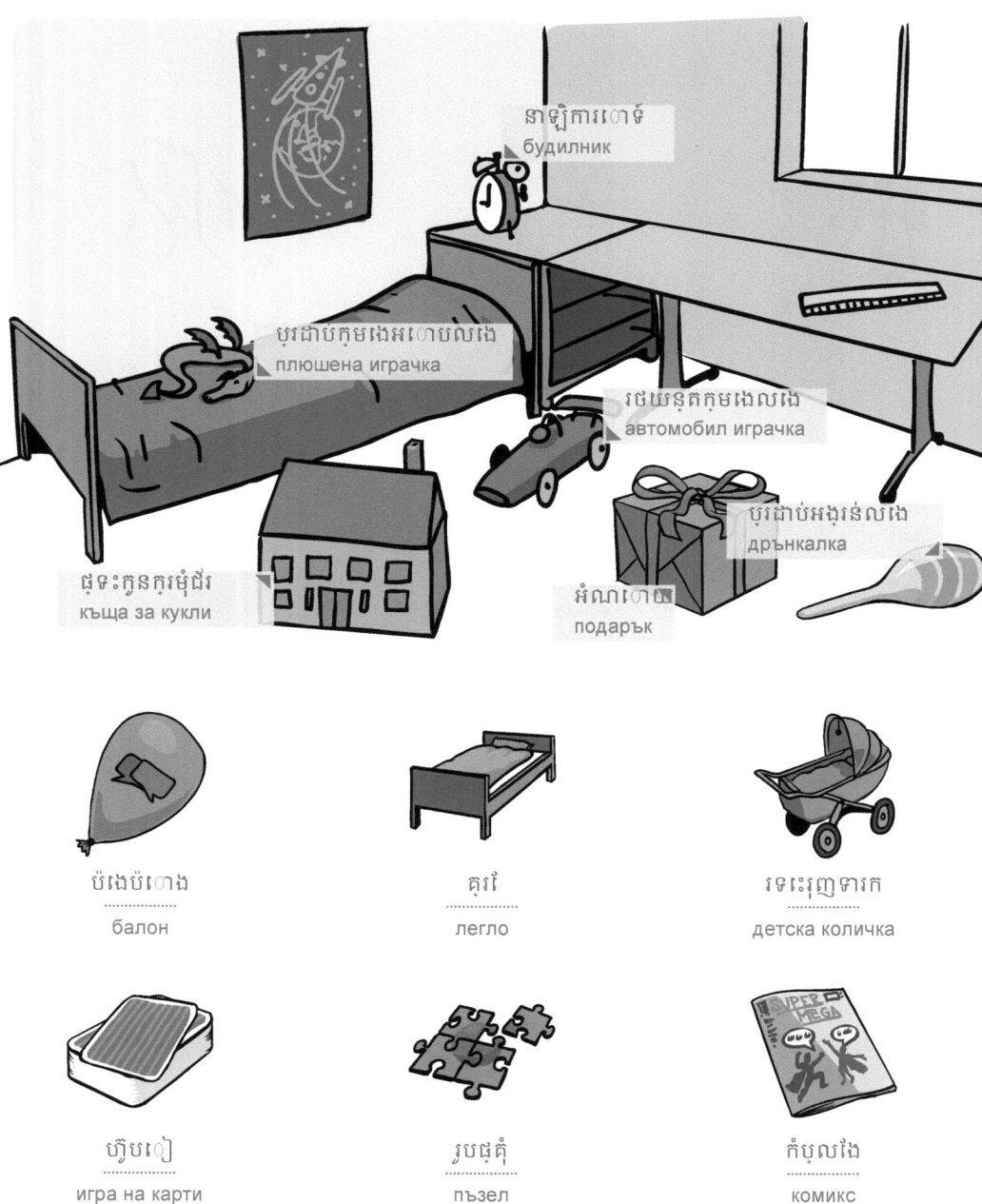

នាឡិការពោទ៍
будилник

បុរដាបក្មងៃអោបលង
плюшена играчка

រថយន្តក្មងៃលង
автомобил играчка

ផ្ទះកូនក្រមុំជ្រ
къща за кукли

បុរដាប់អ្ងរន់លង
дрънкалка

អំណោយ
подарък

ប៉េងប៉ោង
балон

គ្រែ
легло

រទេះរុញទារក
детска количка

ហ្គេបៀ
игра на карти

រូបផ្គុំ
пъзел

កំប៉ុលៃង
комикс

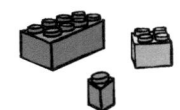

ឥដ្ឋ Lego

лего елементи

ប្លុកប៉ុរដោប់កុមេងលេង

строителни елементи

តួលខេសកម្មភាព

екшън фигурка

ខោអាវទារក

бебешки гащеризон

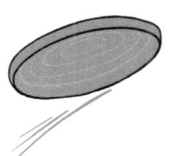

ការគប់ថាស

фрисби

ទូរស័ព្ទដៃ

бебешки играчки за легло

ក្តារល្បងលេង

настолна игра

គ្រាប់ឡុកឡាក់

зарче

ឈុតថតភ្លុកឈើងគំរូ

миниатюрнс влакче

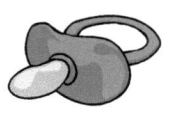

របសំណាក

биберон

គណបកុស

парти

សៀវភៅរូបភាព

детска книга с илюстрации

បាល់

топка

កូនក្រមុំតុក្កតា

кукла

លដ៖

играа

ណូដលេងខ្សាច់
....
пясъчник

ទលេង
....
люлка

បុរដាប់កុមរេងលេង
....
играчка

កុងស៊ុលវីដអ្វេហ្គតម
....
игрова конзола

គូរីចក្រយានយន្ត
....
велосипед с три колелета

តុក្កតាខ្លាយុមុំ
....
плюшено мече

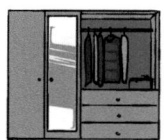

ទូខលោអារ
....
гардероб

សុរលោមជលើង
....
къси чорапи

សុរលោមជលើងវលែ
....
дълги чорапи

ខលោទុរនាប់នារី
....
чорапогащник

កម្រៅ
шал

ឆ័ត្រ
чадър

អាវយឺត
Т-шърт

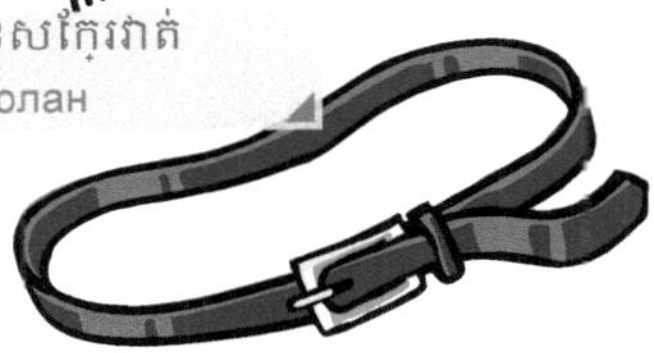

ខ្សែក្រវ៉ាត់
колан

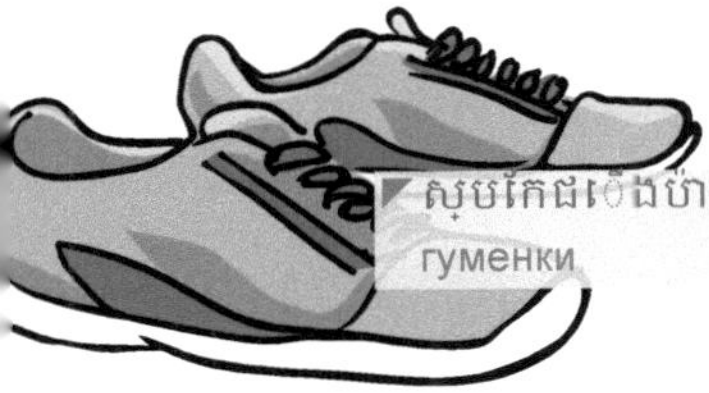

ស្បែកជើងហាតា
гуменки

ស្បែកជើងករ៉ែង
ботуши

ស្បែកវៃឹងពាក់នៅ
ទៈ
пантофи

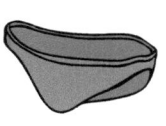
ស្បែកជើងសង្រែក
....
сандали

ស្បែកជើង
....
обувки

ស្បែកជើងករ៉ែងកៅស៊ូ
....
гумени боґуши

ខោទ្រនាប់បុរស
....
слип

អាវទ្រនាប់
....
сутиен

អាវកោ៎
....
долна блуза

វាងកាយ
....
боди

ខោវាវែង
....
панталон

ខោខូវប៊យ
....
дънки

សំពត់
....
пола

អាវកុរេទៅ
....
блуза

អាវ
....
риза

អាវយឺត
....
пуловер

អាវយឺត
....
суичър

អាវធំ
....
блейзър

អាវកុរេទៅ
....
яке

អាវធំ
....
палто

អាវកុឡ្យរៀង
....
дъждобран

គុររៀងតង៉ែ
....
костюм

អាវវែង
....
рокля

សំលរៀងបំពាក់អាពាហ៍ពិព
........................ហ៍ ....
булчинска рокля

សម្លៀកបំពាក់ - облекло

ខោអាវឈុត

костюм

រ៉ូបរាត្រី

нощница

ឈុតគេង

пижама

សារី

сари

កន្សែងជួតក្បាល

кърпа за глава

ផ្នួត

тюрбан

សុបម៉ែខ

бурка

kaftan

кафтан

abaya

абая

ឈុតហាលែទឹក

бански костюм

ខោខ្លី

плувни шорти

ខោខ្លី

къс панталон

ឈុតហាត់កីឡា

анцуг

អាវអៀម

престилка

ស្រោមដៃ

ръкавици

ឡៅរអារ
копче

វ៉ែនតា
очила

ខ្សដៃ
гривна

ខ្សកៃ
верижка

ចិញ្ចៀន
пръстен

កុរិល
обеца

មួក
каскет

បុរដាប់ពួយអារកុរៗ
закачалка

មួក
шапка

កុរាត់ក
вратовръзка

រូត
цип

មួកសុរុត្តចិភាព
каска

ខុសវៃ
тиранти

ឯកសណ្ឋានសាលា
ученическа униформа

ឯកសណ្ឋាន
униформа

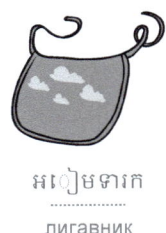

អៀមទារក

лигавник

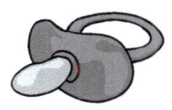

រូបសំណាក

биберон

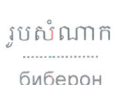

ខោទឹកនោម

пелена

ការិយាល័យ
офис

ម៉ាស៊ីនមេ
сървър
ទូឯកសារ
шкаф за документи
ម៉ាស៊ីនបោះពុម្ព
принтер
ក្រដាស
хартия
ម៉ូនីទ័រ
монитор
តុការិយាល័យ
бюро
កណ្ដុរ
мишка
ស៊ីមី
папка
ក្តារចុច
клавиатура
កន្ត្រកដាក់សំរាមក្រដាស
кошче за хартиени отпадъци
កុំព្យូទ័រ
компютър
កៅអី
стол

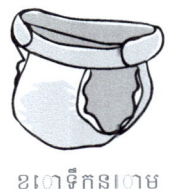

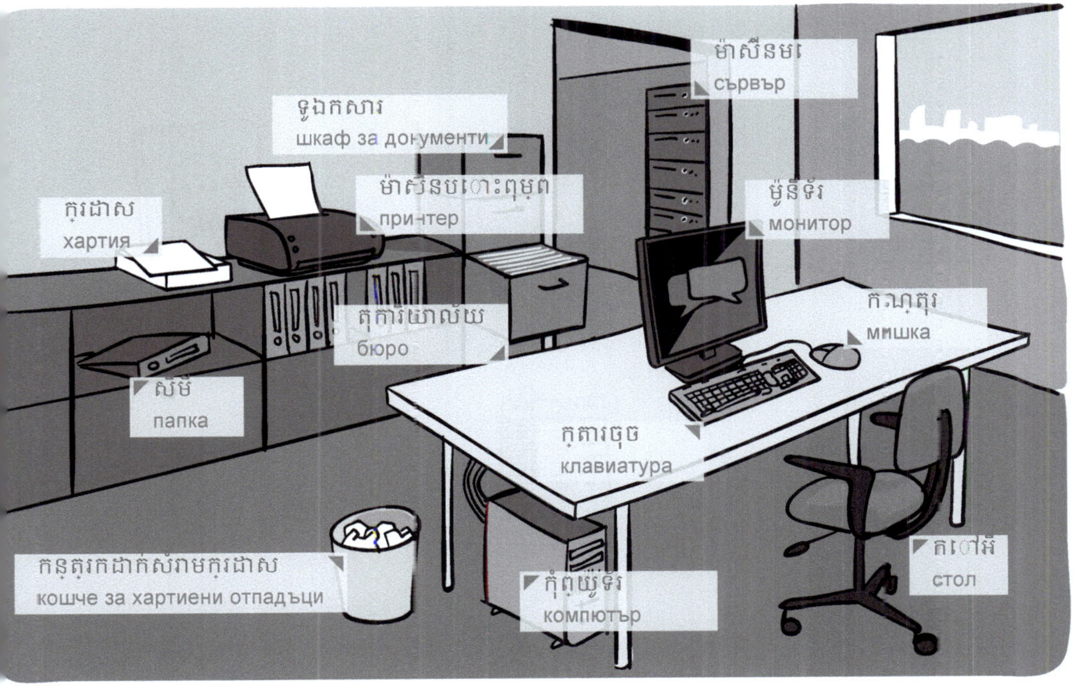

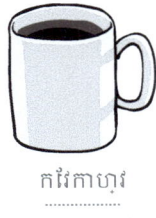

កវែកាហ្វ

чаша за кафе

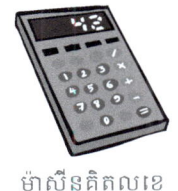

ម៉ាស៊ីនគិតលេខ

джобен калкулатор

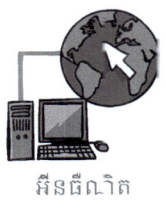

អីនធឺណិត

интернет

កុំព្យូទ័រយួរដៃ

лаптоп

លិខិត

писмо

សារ

съобщение

ទូរស័ព្ទដៃ

мобилен телефон

បណ្តាញ

мрежа

ម៉ាស៊ីនថតចម្លង

ксерокс

សូហ្វវែរ

софтуер

ទូរស័ព្ទ

телефон

នុធធជោត

контакт

ម៉ាស៊ីនទូរសារ

факс

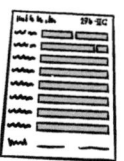

ទម្រង់បែបបទ

формуляр

ឯកសារ

документ

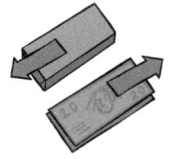

ទិញ

купувам

បង់ប្រាក់

плащам

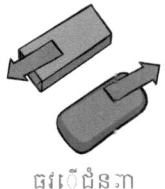

ធ្វើជំនួញ

търгувам

លុយ

пари

ប្រាក់ដុល្លារ

долар

ប្រាក់អឺរ៉ូ

евро

ប្រាក់យ៉េន

йена

ប្រាក់រូប៊ិល

рубла

ហ្វ្រង់ស្វ៊ីស

швейцарски франк

ប្រាក់យ៉ន

ренминби юан

ប្រាក់រូពី

рупия

កន្លែងប្រមូរើសាច់ប្រាក់

банкомат

ការិយាល័យបុត្ររបរាក់

обменно бюро

មាស

злато

ប្រាក់

сребро

ប្រេង

нефт

ថាមពល

енергия

តម្លៃ

цена

កិច្ចសន្យា

договор

ពន្ធ

данък

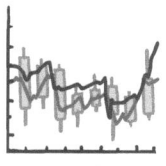

ភាគហ៊ុន

акция

ធ្វើការ

работя

បុគ្គលិក

служител

និយោជក

работодател

រោងចក្រ

фабрика

ហាង

магазин за цветя

មនុស្សរប៉ូលិស
полицай

អ្នកពន្លត់អគ្គិភ័យ
пожарникар

ធ្វើម្ហូប
готвач

វេជ្ជបណ្ឌិត
лекар

អ្នកបើកយន្តហោះ
пилот

អ្នកថែស្វែន
градинар

ជាងឈើ
мебелист

ជាងកាត់ដេរ
шивачка

ចៅក្រម
съдия

គីមីវិទ្យ
химик

ភ្លុកុន
артист

អ្នកបើកឡានក្រុង

шофьор на автобус

អ្នកបើកតាក់សី

шофьор на такси

អ្នកនេសាទ

рибар

សុត្រីអ្នកសមុអាត

чистачка

ជាងដំបូល

майстор на покриви

អ្នករត់តុ

келнер

អ្នកបរបាញ់សត្វ

ловец

វិចិត្រករ

художник

អ្នកដុតនំ

хлебар

ជាងអគ្គីសនី

електротехник

ជាងសំណង់

строителен работник

វិស្វករ

инженер

អ្នកកាប់សាច់

касапин

ជាងជួសជុលទុយោទឹក

тенекеджия

អ្នករត់សំបុត្រ

пощальон

ទាហាន

войник

ស្ថាបត្យករ

архитект

បេឡា

касиер

អ្នកលក់ផ្កា

цветар

អ្នកអ៊ិតសក់

фризьор

អ្នកយកលុយ

кондуктэр

ជាងម៉ាស៊ីន

механик

កាពីទែន

капитан

ពទ្យេធ្មេញ

зъболекар

អ្នកវិទ្យាសាស្ត្រ

научен работник

គ្រូបង្រៀនច្បាប់សញ្ជាតិ
ជ័ហ្វរ

равин

លោកសង្ឃយចាម

имам

ព្រះសង្ឃយ

монах

បព្វជិត

свещеник

ឧបករណ៍

инструменти

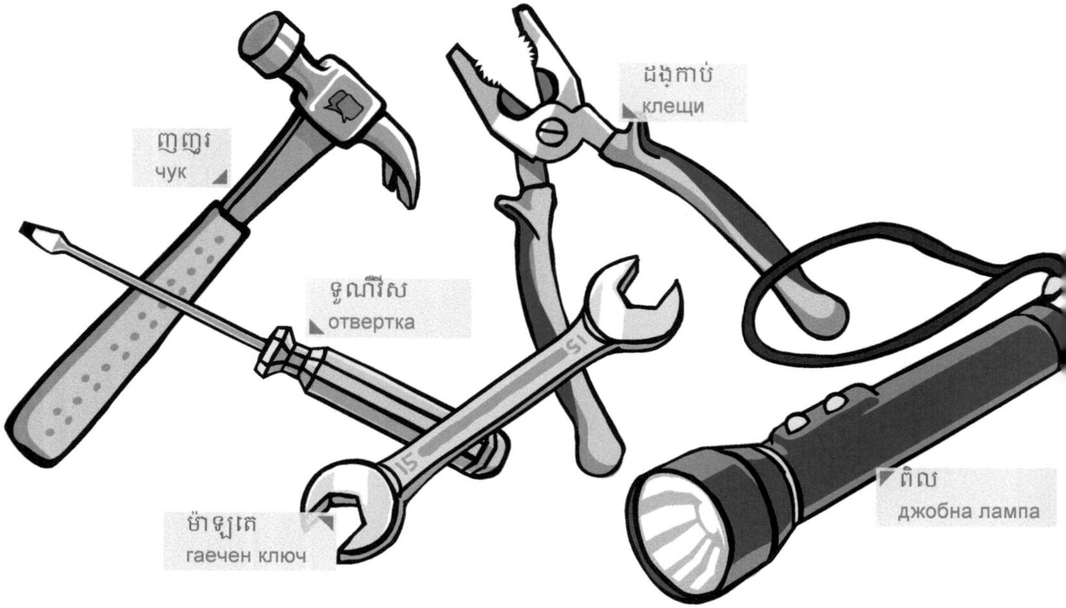

ញញួរ
чук
ទួណឺវីស
отвертка
ដង្កាប់
клещи
ម៉ាឡតេ
гаечен ключ
ពិល
джобна лампа

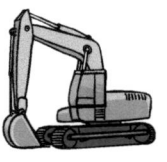

ម៉ាស៊ីនជីក

багер

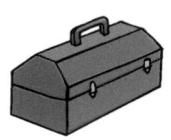

ប្រអប់ឧបករណ៍

кутия за инструменти

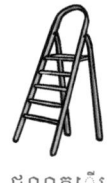

ជណ្ដើរ

стълба

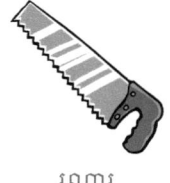

រណារ

трион

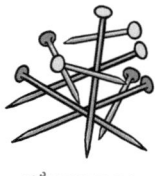

ដែកគោល

пирони

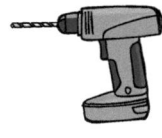

ប្រដាប់ស្វាន

бормашина

ជួសជុល

ремонтирам

ប៉ែល

лопата

ចង្រៃ!

По дяволите!

បុរដាប់ច្រកធូលី

лопатка за смет

ធុងថ្នាំពណ៌

кутия за боя

វីស

болтове

ឧបករណ៍តន្ត្រី
музикални инструменти

ឧបករណ៍បំពងសំឡេង
высокоговорител

ឈុតស្គរ
ударни инструменти

ហ្គីតា
китара

បាសពិណ
контрабас

គ្រុ
тромпет

ពុយាណូ
....
пиано

វីយូឡុង
....
виолина

ហាស
....
контрабас

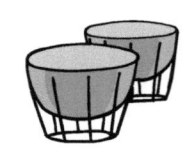

សុគរពោសសុបតែមុយ៉ាង
....
тимпан

សុគរ
....
барабан

យ៉ឹបត
....
електрическо пиано

សាក់សូហ្វូន
....
саксофон

ខុលុយ
....
флейта

មីក្រូហ្វូន
....
микрофон

សួនសត្វ

зоологическа градина

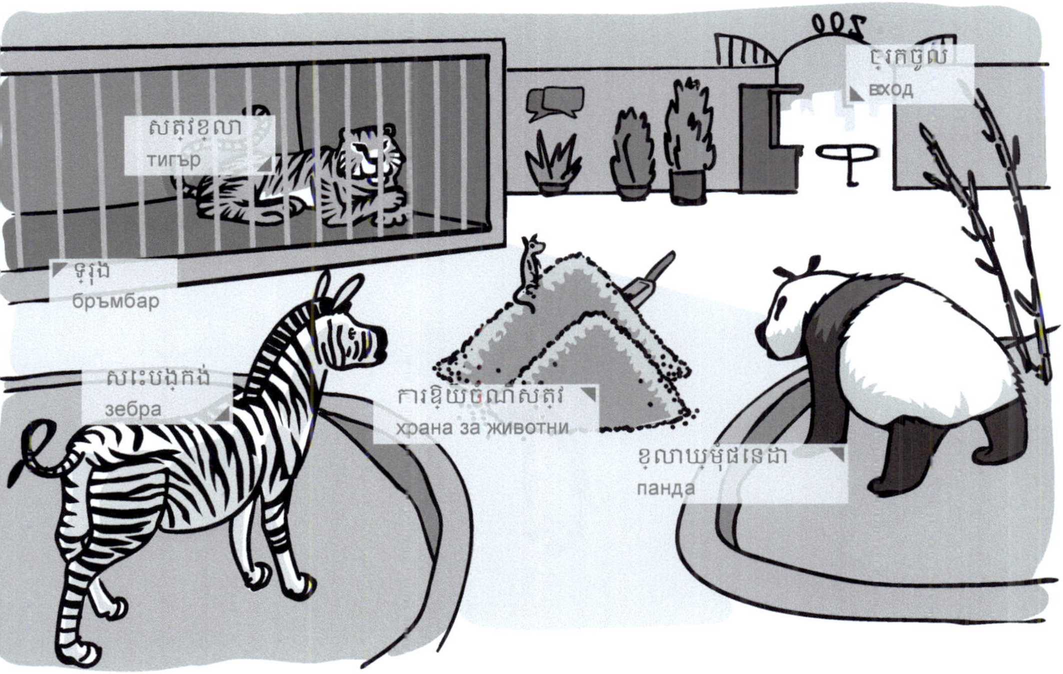

សត្វខ្លា
тигър
ទ្វារចូល
вход
ទ្រុង
бръмбар
សេះបង្កង់
зебра
ការឱ្យចំណីសត្វ
храна за животни
ខ្លាឃ្មុំផេនដា
панда

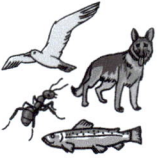

សត្វ

животни

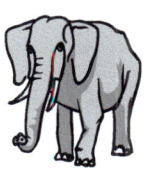

សត្វដំរី

слон

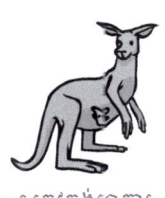

សត្វកង់ហ្គារូ

кенгуру

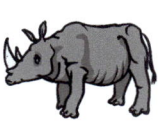

សត្វរមាស

носорог

សត្វស្វាហ្គ័រីឡា

горила

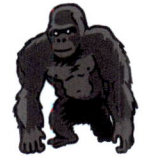

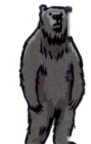

ខ្លាឃ្មុំពណ៌ត្នោត

мечка

សត្វអូដ្ឋប

камила

សត្វអូទ្រុស

щраус

សត្វតោ

лъв

ស្វា

маймуна

សត្វកុររៀល

фламинго

សកែ

папагал

ខ្លាឃ្មុំកំបន់ប៉ូល

бяла мечка

ជនេយ្យវិន

пингвин

ត្រីឆ្លាម

акула

ក្ងោក

паун

សត្វពស់

змия

ក្រពើ

крокодил

អ្នករក្សាសួនសត្វ

пазач в зоологическа градина

ឆ្មាទឹក

тюлен

ខ្លារខិនមួយាង

ягуар

សួនសត្វ - зоологическа градина

កូនសេះ
....
пони

ខ្លារខិន
....
леопард

សត្វដីរ៍ទឹក
....
хипопотам

សត្វករវៃង
....
жираф

ឥន្ទ្រី
....
орел

ជ្រូក
....
диво прасе

ត្រី
....
риба

អណ្តើក
....
костенурка

លោមមច្ឆា
....
морж

កញ្ជ្រោង
....
лисица

ក្ដាន់
....
газела

កីឡាហាត់ទាត់អាមេរិក
американски футбол

ការប្រណាំងកង់
колоездене

កីឡាថ់និស
тенис

កីឡាហាល់បបោះ
баскетбол

កីឡាហាលែទឹក
плуване

កីឡាប្រដាល់
бокс

កីឡាវាយកូនហាល់លើទឹកកក
хокей на лед

កីឡាហាល់ទាត់
футбол

កីឡាវាយសី
бадминтон

អត្តពលកម្ម
лека атлетика

កីឡាហាល់កាន់
хандбал

ការជិះស្គី
ски бягане

ប៉ូឡូ
поло

លោត — скачам

ឱប — прегръщам

សើច — смея се

ដើរ — вървя

ច្រៀង — пея

អធិស្ឋាន — моля се

ថើប — целувам

ស៊ីនុត — сънувам

សរសេរ
. . . .
пиша

គូរ
. . . .
рисувам

បង្ហាញ
. . . .
показвам

រញ
. . . .
бутам

ថយ
. . . .
давам

យក
. . . .
взимам

មាន

имам

ធ្វើខើ

правя

គឺ

съм

ឈរ

стоя

រត់

тичам

ទាញ

дърпам

បោះ

хвърлям

ធ្លាក់

падам

កុហក

лежа

រង់ចាំ

чакам

យួរ

нося

អង្គុយ

седя

សួលៀកពាក់

обличам

ដេក

спя

ភ្ញាក់ឡ្បើង

събуждам се

មើល

разглеждам

យំ

плача

គូសវាស

милвам

សិតសក់

реша се

និយាយ

говоря

យល់

разбирам

សួរ

питам

ស្ដាប់

слушам

ជឹក

пия

បរិភោគ

ям

សម្អាត

разтребвам

សុរលាញ់

обичам

ចម្អិន

готвя

បើកបរ

карам автомобил

ហោះ

летя

ចតែទូក
плавам (с платна)

គណនា
смятане

អាន
чета

រៀន
уча

ធ្វើការ
работя

រៀបការ
женя се

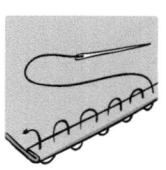

ដអ
шия

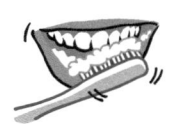

ដុសធ្មេញ
измивам си зъбите

សម្លាប់
убивам

ជក់
пуша

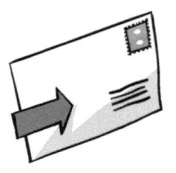

ផ្ញើរ
изпращам

ជីដូន
баба

ជីតា
дядо

និពុក
баща

មុតាយ
майка

ទារក
бебе

កូនស្រី
дъщеря

កូនប្រុស
син

ភ្ញៀរ
посетител

មីង
леля

ពូ
чичо

បងប្អូនប្រុស
брат

បងប្អូនស្រី
сестра

រាងកាយ

тяло

ថ្ងាស
чело
ភ្នែក
око
ស្មា
рамо
ម្រាមដៃ
пръст
មុខ
лице
ចង្កា
брадичка
ដៃ
ръка
ជើង
крак
សុដន់
гърди
ដៃ
ръка

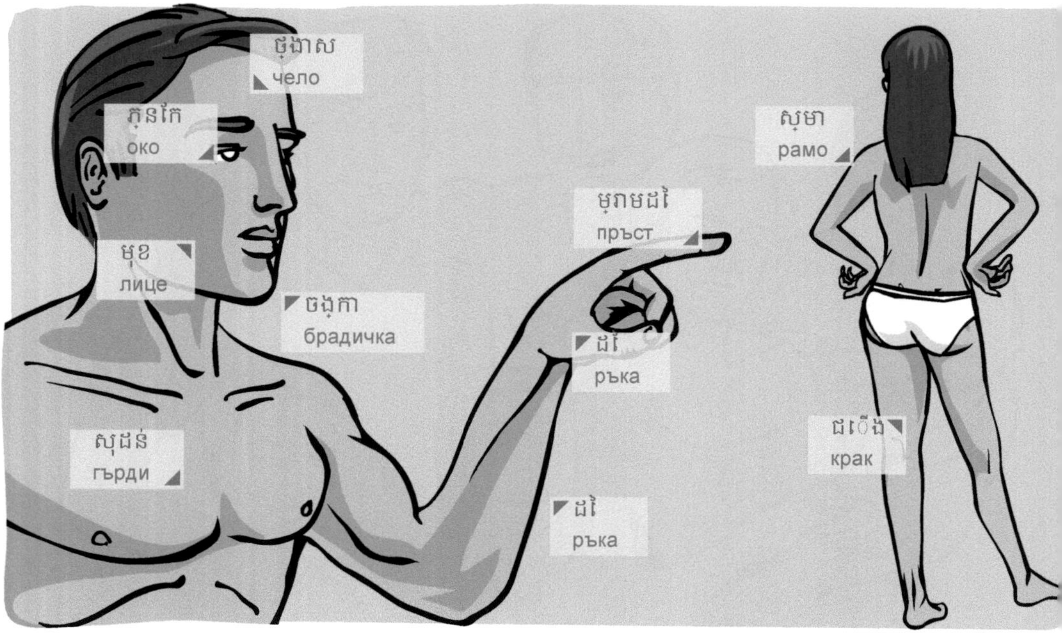

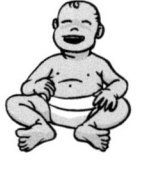

ទារក

бебе

បុរស

мъж

ស្ត្រី

жена

ក្មេងស្រី

момиче

ក្មេងប្រុស

момче

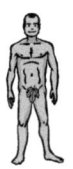

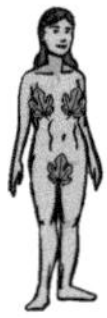

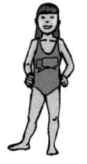

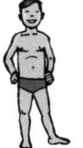

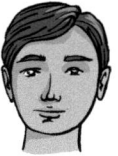

ក្បាល

глава

ខ្នង

гръб

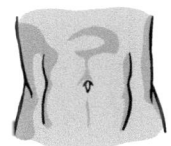

ពោះ

корем

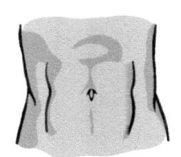

ផ្ចិត

пъп

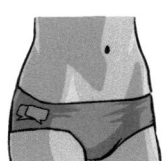

ម្រាមជេីង

пръст на крака

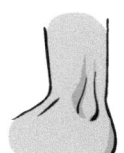

កែងជេីង

пета

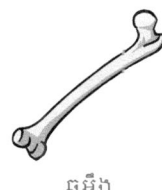

ឆ្អឹង

кост

គូទគាក

хълбок

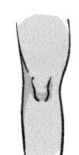

ជង្គង់

коляно

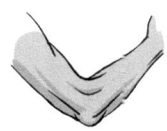

កែងដៃ

лакът

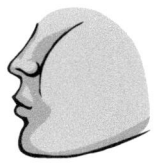

ច្រមុះ

нос

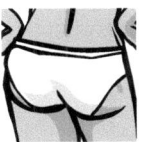

គូទ

седалище

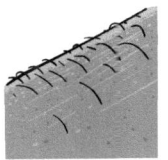

ស្បែក

кожа

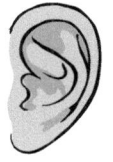

ថ្ពាល់

буза

ត្រចៀក

ухо

បបូរមាត់

устна

មាត់
......
уста

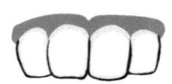

ធ្មេញ
......
зъб

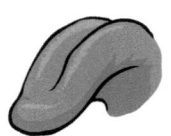

អណ្ដាត
......
език

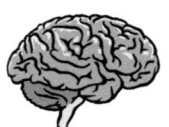

ខួរក្បាល
......
мозък

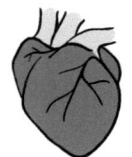

បេះដូង
......
сърце

សាច់ដុំ
......
мускул

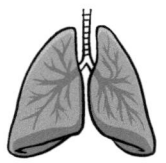

សួត
......
бял дроб

ថ្លើម
......
черен дроб

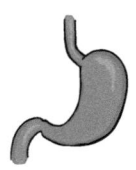

ក្រពះ
......
стомах

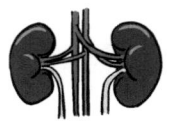

តម្រងនោម
......
бъбреци

ការរួមភេទ
......
полово сношение

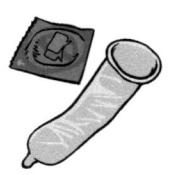

ស្រោមអនាម័យ
......
кондом

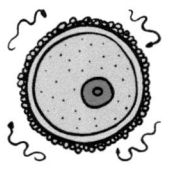

អូវុល
......
яйцеклетка

ទឹកកាម
......
сперма

ការមានផ្ទៃពោះ
......
бременност

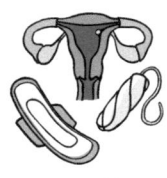

មកររដូវ

менструация

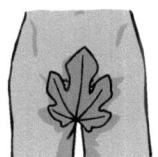

ទ្វារមាស

вагина

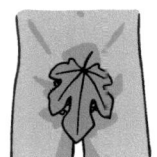

លិង្គ

пенис

ចិញ្ចើមភ្នែក

вежда

សក់

коса

ក

шия

មន្ទីរពេទ្យ

болница

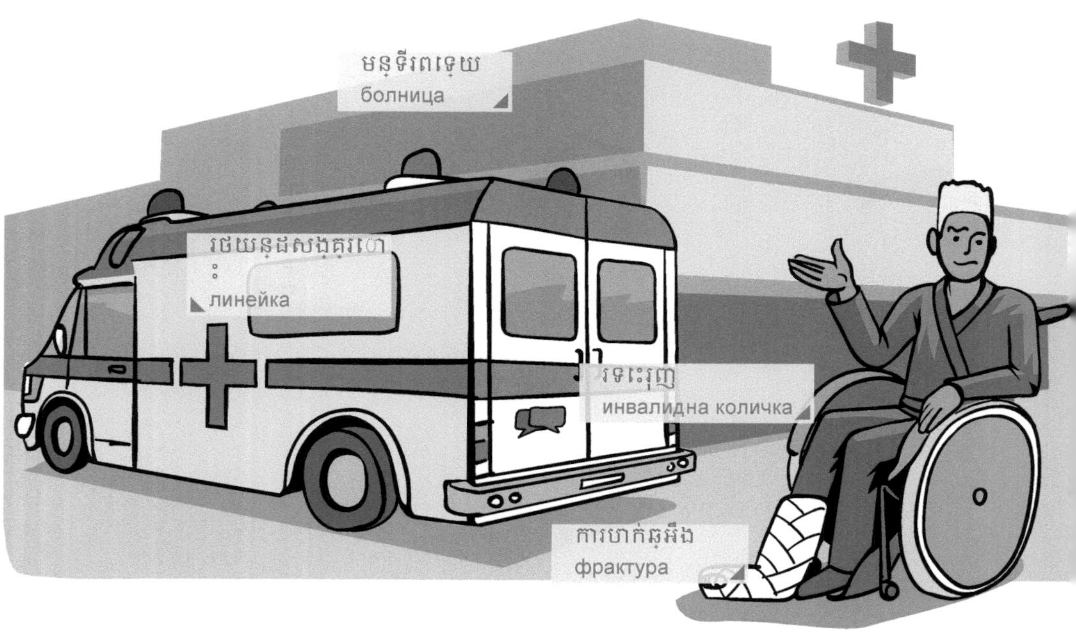

មន្ទីរពេទ្យ
болница
រថយន្ដសង្គ្រោះ
линейка
រទេះរុញ
инвалидна количка
ការបាក់ឆ្អឹង
фрактура

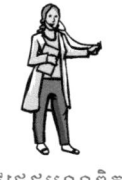

វេជ្ជបណ្ឌិត

лекар

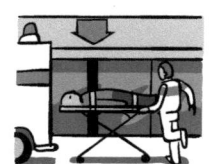

បន្ទប់សង្គ្រោះបន្ទាន់

спешна хоспитализация

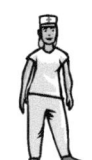

គិលានុបដ្ឋាយិកា

медицинска сестра

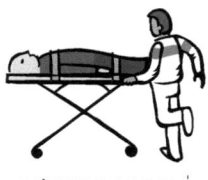

សង្គ្រោះបន្ទាន់

спешен случай

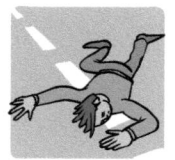

សន្លប់

в безсъзнание

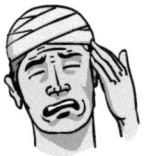

ការឈឺចាប់

болка

ការរងរបួស

нараняване

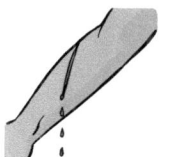

ការហូរឈាម

кървене

គាំងបេះដូង

инфаркт

ជម្ងឺដាច់សរសៃឈាមក្នុង
ក្បាល

инсулт

អាលែកហ្សី

алергия

ក្អក

кашлица

ជំងឺគ្រុន

температура

ជំងឺផ្តាសាយ

грип

ជំងឺរាគរូស

диария

ឈឺក្បាល

главоболие

ជំងឺមហារីក

рак

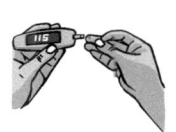

ជំងឺទឹកនោមផ្អែមទែ

диабет

គ្រូពេទ្យវះកាត់

хирург

កាំបិតវះកាត់

скалпел

ប្រតិបត្តិការ

операция

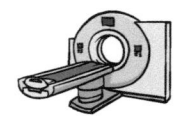

CT

компютърна томография

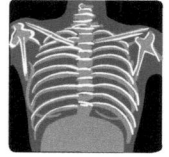

កាំរស្មីអ៊ិច

рентген

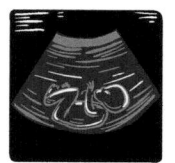

អេកូ

ултразвук

របាំងមុខ

маска

ជំងឺ

болест

បង់ចាំបន្ទប់

чакалня

ឈរើចុះគត់

патерица

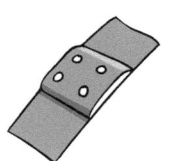

មុនាងសិលា

пластир

បង់រុំ

превръзка

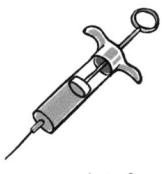

ការចាក់ថ្នាំ

инжекция

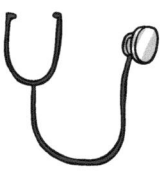

ស្តេតូ

стетоскоп

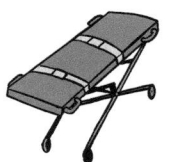

សុនដែរប្រេស

носилка

ទែម៉ូម៉ែត្រពេទ្យ

термометър

កំណើត

раждане

លើសទម្ងន់

наднормено тегло

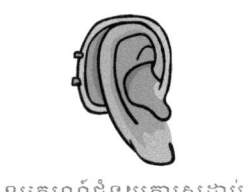

ឧបករណ៍ជំនួយការស្តាប់

слухов апарат

សារធាតុសម្លាប់មេរោគ

дезинфекционно средство

ការឆ្លងមេរោគ

инфекция

មេរោគ

вирус

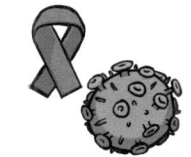

មេរោគអេដស៍ / ជំងឺអេដស៍

HIV / AIDS

ថ្នាំពេទ្យ

медицина

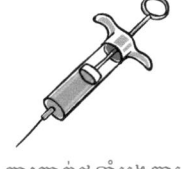

ការចាក់ថ្នាំបង្ការ

ваксинация

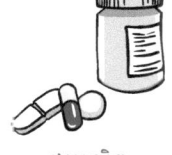

ថ្នាំគ្រាប់

таблети

ថ្នាំគុមរាច

противозачатъчна
таблетка

ការហៅទៅលេខអាសន្ន

спешно телефонно
обаждане

ឧបករណ៍ពិនិត្យសម្ពាធ
ឈាម
апарат за измерване на
кръвното налягане

ឈឺ / មានសុខភាពល្អ

болен / здрав

មន្ទីរពេទ្យ - болница   75

ជំនួយ!

Помощ!

សំឡេងរោទ៍

сигнал за тревога

ការវាយលុក

нападение

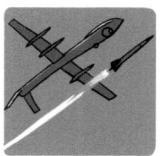

ការវាយប្រហារ

атака

គ្រោះថ្នាក់

опасност

ច្រកចេញគ្រោះអាសន្ន

аварией изход

អគ្គីភ័យ!

Пожар!

បំពង់ពន្លត់អគ្គិភ័យ

пожарогасител

គ្រោះថ្នាក់

злополука

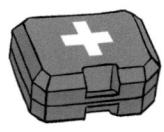

ឧបករណ៍ជំនួយបឋម

комплект за оказване на
първа помощ

SOS

SOS

ប៉ូលិស

полиция

អឺរ៉ុប

Европа

អាមេរិកខាងជើង

Северна Америка

អាមេរិកខាងត្បូង

Южна Америка

អាហ្វ្រិក

Африка

អាស៊ី

Азия

អូស្ត្រាលី

Австралия

អាត្លង់ទិច

Атлантически океан

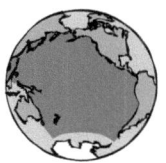

ប៉ាស៊ីហ្វិក

Тихи океан

មហាសមុទ្រឥណ្ឌា

Индийски океан

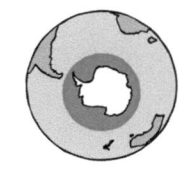

មហាសមុទ្រអង់តាក់ទិច

Южен ледовит океан

មហាសមុទ្រអាកទិច

Сезерен ледовит океан

ប៉ូលខាងជើង

Северен голюс

ប៉ូលខាងត្បូង
....
Южен полюс

អង់តាកទិក
....
Антарктида

ផែនដី
....
Земя

ដីគោក
....
суша

សមុទ្រ
....
море

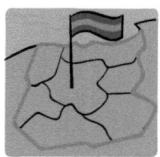

កោះ
....
остров

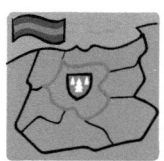

ប្រទេសជាតិ
....
нация

រដ្ឋ
....
държава

មុខនាឡិកា

циферблат

ទ្រនិចម៉ោង

стрелка на часовете

ទ្រនិចនាទី

стрелка на минутите

ទ្រនិចវិនាទី

стрелка на секундите

ម៉ោងប៉ុន្មាន?

Колко е часът?

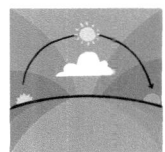

ថ្ងៃ

ден

ពេលវេលា

време

ឥឡូវនេះ

сега

នាឡិកាឌីជីថល

дигитален часовник

នាទី

минута

ម៉ោង

час

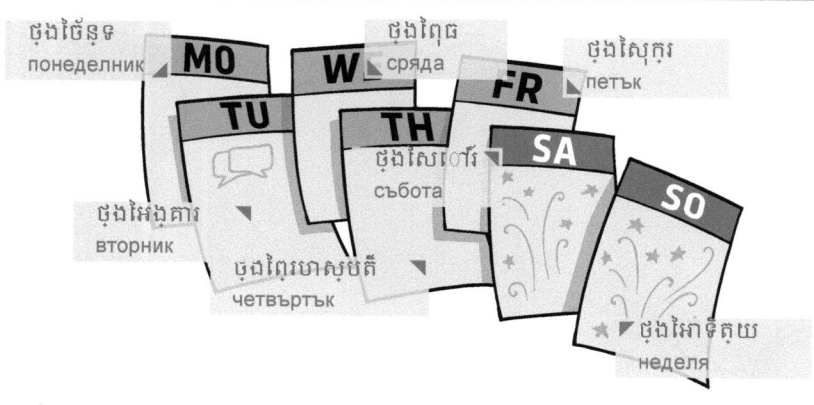

ថ្ងៃច័ន្ទ
понеделник **MO**

ថ្ងៃពុធ
W сряда

ថ្ងៃសុក្រ
FR петък

TU

TH
ថ្ងៃសៅរ៍
събота
SA

ថ្ងៃអង្គារ
вторник

ថ្ងៃព្រហស្បតិ៍
четвъртък

SO

ថ្ងៃអាទិត្យ
неделя

មុសិលមិញ

вчера

ថ្ងៃនេះ

днес

ថ្ងៃស្អែក

утре

ព្រឹក

сутрин

ថ្ងៃត្រង់

обед

ល្ងាច

вечер

MO	TU	WE	TH	FR	SA	SU
1	2	3	4	5	6	7
8	9	10	11	12	13	14
15	16	17	18	19	20	21
22	23	24	25	26	27	28
29	30	31	1	2	3	4

ថ្ងៃធ្វើការ

работни дни

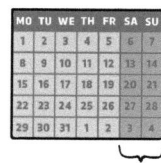

MO	TU	WE	TH	FR	SA	SU
1	2	3	4	5	6	7
8	9	10	11	12	13	14
15	16	17	18	19	20	21
22	23	24	25	26	27	28
29	30	31	1	2	3	4

ថ្ងៃសប្តាហ៍

уикенд

ឆ្នាំ

година

ទឹកភ្លៀង
дъжд
ឥន្ធនូ
дъга
ខ្យល់
вятър
ព្រិល
сняг
និទាឃរដូវ
пролет
រដូវក្តៅ
лято
រដូវស្លឹកឈើជ្រុះ
есен
រដូវរងារ
зима

4.APRIL 11°
5.APRIL 4°
6.APRIL 13°
7.APRIL 8°
8.APRIL 10°

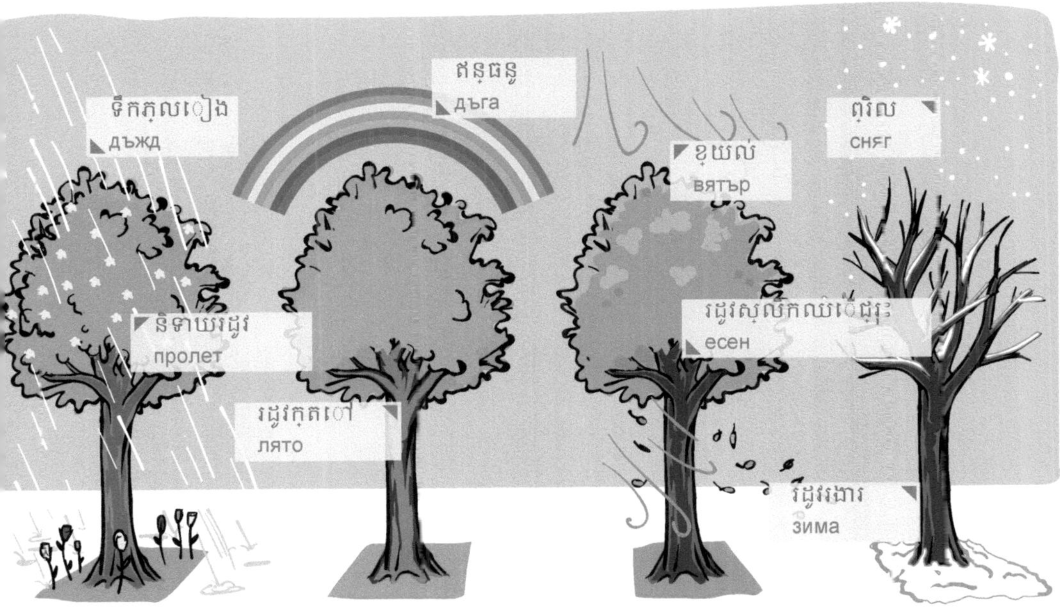

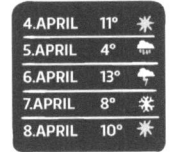

ការព្យាករណ៍អាកាសធាតុ

....

прогноза за времето

F C
120 90 60 30 0 -30
40 30 20 10 0 -10 -20

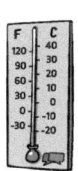

ទែម៉ូម៉ែត្រ

....

термометър

ពន្លឺថ្ងៃ

....

слънчева светлина

ពពក

....

облак

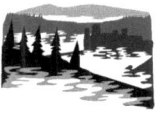

អ័ព្ទ

....

мъгла

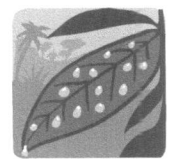

សំណើម

....

влажност на въздуха

ន្ទទ:
....
светкавица

ផ្គរ
....
гръмотевица

ព្យុះ
....
буря

ព្រិល
....
градушка

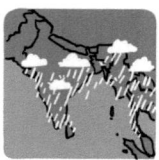

ខ្យល់មូសុង
....
мусон

ទឹកជំនន់
....
наводнение

ទឹកកក
....
лед

ខែមករ
....
януари

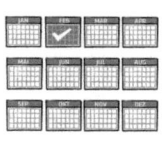

ខែកុម្ភ:
....
февруари

ខែមីនា
....
март

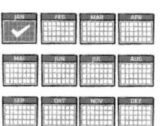

ខែមេសា
....
април

ខែឧសភា
....
май

ខែមិថុនា
....
юни

ខែកក្កដា
....
юли

ខែសីហា
....
август

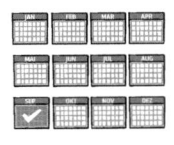

ខែកញ្ញា

септември

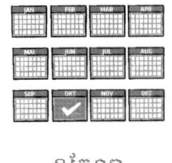

ខែតុលា

октомври

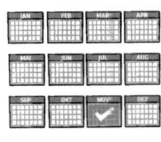

ខែវិច្ឆិកា

ноември

ខែធ្នូ

декември

រាង

форми

រង្វង់

кръг

ការ៉េ

квадрат

ចតុកោណកែង

четириъгълник

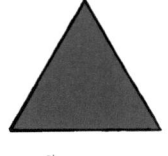

ត្រីកោណ

триъгълник

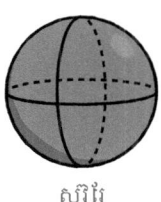

ស្វ៉ែរ

сфера

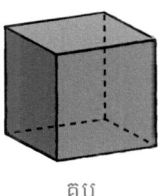

គូប

куб

ពណ៌ស

бял

ពណ៌លឿង

жълт

ពណ៌ទឹកក្រូច

оранжев

ពណ៌ផ្កាឈូក

розов

ពណ៌ក្រហម

червен

ពណ៌ស្វាយ

лилав

ពណ៌ខៀវ

син

ពណ៌បៃតង

зелен

ពណ៌ទឹកក្រូច

кафяв

ពណ៌ប្ររផះ

сив

ពណ៌ខ្មៅ

черен

противоположности

ចុរវើន / តិចតួច

много / малко

ខឹង / តុរជាក់ចិត្ត

ядосан / спокоен

ចាប់ផុតខឹម / បញ្ចប់

начало / край

ធំ / តូច

голям / малък

ភ្លឺ / ងងឹត

светъл / тъмен

បងប្អូនប្រុស / បងប្អូនស្រី

брат / сестра

ស្អាត / កខ្វក់

чист / мръсен

ពេញលេញ / មិនៗពេញលេញ

пълен / непълен

ថ្ងៃ / យប់

ден / нощ

ស្លាប់ / នៅរស់

мъртъв / жив

ធំទូលាយ / តូចចង្អៀត

широк / тесен

អាចបរិភោគបាន /
មិនអាចបរិភោគបាន

ядлив / неядлив

ចិត្តអាក្រក់ / ចិត្តល្អ

сърдит / любезен

ការរំភើប / អផ្សុក

развълнуван / скучаещ

ធាត់ / ស្គម

дебел / тънък

ដំបូង / ចុងក្រោយ

най-напред / най-накрая

មិត្តភក្តិ / សត្រូវ

приятел / враг

ពេញ / ទទេ

пълен / празен

រឹង / ទន់

твърд / мек

ធ្ងន់ / ស្រាល

тежък / лек

ភាពអត់ឃ្លាន /
ការស្រេកឃ្លាន

глад / жажда

ឈឺ / មានសុខភាពល្អ

болен / здрав

ខុសច្បាប់ / ត្រូវច្បាប់

нелегален / легален

ឆ្លាតវៃ / ល្ងង់

интелигентен / глупав

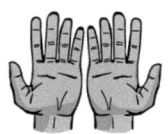

ឆ្វេង / ស្តាំ

ляво / дясно

ជិត / ឆ្ងាយ

близо / далече

ថ្មី / ហាងបូរេ

នov / употребяван

គ្មានអ្វីសោះ / អ្វីម្យ

нищо / нещо

ចាស់ / ក្មេង

стар / млад

បេីក / បិទ

вкл. / изкл.

បេីក / បិទ

створен / затворен

ស្ងប់ស្ងាត់ / ញុខ្លាំង

тих / силен (звук)

មាន / ក្រ

богат / беден

គ្រូវ / ខុស

правилен / погрешен

គ្រើម / រលោង

грапав / гладък

ពិបាកចិត្ត / សប្បាយចិត្ត

тъжен / щастлив

ខ្លី / វែង

дълъг / къс

យឺត / លឿន

бавен / бърз

សេីម / ស្ងួត

мокър / сух

ក្តៅ / គ្រជាក់

топъл / студен

សង្គ្រាម / សន្តិភាព

война / мир

0
សូន្យ
нула

1
មួយ
едно

2
ពីរ
две

3
បី
три

4
បួន
четири

5
ប្រាំ
пет

6
ប្រាំមួយ
шест

7
ប្រាំពីរ
седем

8
ប្រាំបី
осем

9
ប្រាំបួន
девет

10
ដប់
десет

11
ដប់មួយ
единадесет

12

ដប់ពីរ

дванадесет

13

ដប់បី

тринадесет

14

ដប់បួន

четиринадесет

15

ដប់ប្រាំ

петнадесет

16

ដប់ប្រាំមួយ

шестнадесет

17

ដប់ប្រាំពីរ

седемнадесет

18

ដប់ប្រាំបី

осемнадесет

19

ដប់ប្រាំបួន

деветнадесет

20

ម្ភៃ

двадесет

100

រយ

сто

1.000

ពាន់

хиляда

1.000.000

លាន

милион

អង់គុលសេ

английски

អង់គុលសេអាមរិក

американски английски

ចិនកុកឌី

китайски мандарин

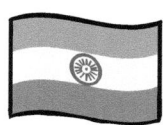

ហិណ្ឌូ

хинди

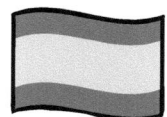

អស្បា៉ញ

испански

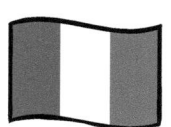

ហារាំង

френски

អារ៉ាប់

арабски

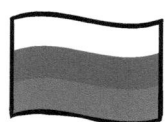

រុស្សី

руски

ព័រទុយហ្គាល់

португалски

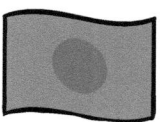

បង់កុលាជសែ

бенгалски

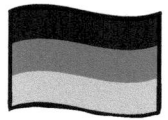

អាល្លឺម៉ង់

немски

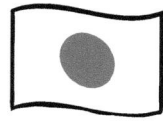

ជប៉ុន

японски

ខ្ញុំ

аз

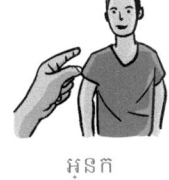

អ្នក

ти

គាត់ / នាង / វា

той / тя , то

យើង

ние

អ្នក

вие

ពួកគេហ្នឹ ន

те

នរណា?

кой?

អ្វី?

какво?

របៀបណា?

как?

កន្លែងណា?

къде?

ពេលណា?

кога?

ឈ្មោះ

име

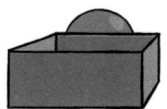

ពីក្រោយ

зад

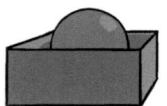

ក្នុង

в

ពីមុខ

пред

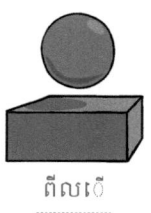

ពីលើ

над

នៅលើ

върху

នៅក្រោម

под

នៅក្បែរ

до

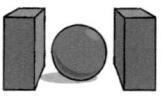

រវាង

между

កន្លែង

място